GOLDMANN RATGEBER

Buch

Die vorliegende Literatur zum Thema Astrologie ist nahezu unüberschaubar geworden. Mit ihrer ständig zunehmenden Popularität entwickelt sich diese Wissenschaft – auch wenn ihr dieser Titel immer noch von vielen abgesprochen wird – jedoch in etliche verschiedene Richtungen, sei es auf rechnerischer, psychologischer oder medialer Grundlage. Widersprüchlichkeiten ergeben sich daraus, daß zum einen auch wenig fundierte Erkenntnisse Verbreitung finden und zum anderen abendländische Astrologieregeln mit denen unterschiedlicher Kulturkreise gemischt werden.

Die klassische Astrologie ist Jahrtausende alt und baut auf Erfahrungen unzähliger Generationen auf. Dieses Handbuch von Bernd A. Mertz enthält ihre altbewährten Grundlagen unter anderem zur Bedeutung der Planeten, der Tierkreise, der Häusersysteme und der Aspekte. Den Abschluß bildet ein aufschlußreicher Anhang über Horoskope mit einem Beispiel-Horoskop.

Autor

Bernd A. Mertz, Jahrgang 1924, Sternzeichen Krebs, arbeitete zunächst als Dramaturg und Regisseur beim Theater. Später schrieb und bearbeitete er Theater- und Fernsehspiele und war danach als Autor und Reporter für den Rundfunk tätig.

Er beschäftigte sich anfänglich intensiv mit Psychologie, bevor er sich der Astrologie zuwandte. Bernd A. Mertz hat sich inzwischen, nachdem er sich hauptberuflich auf die Astrologie verlegt hat, auch als Seminarleiter einen Namen gemacht und bisher über zwanzig Bücher in diesem Themenumfeld veröffentlicht.

BERND A. MERTZ

GRUNDLAGEN DER KLASSISCHEN ASTROLOGIE

GOLDMANN VERLAG

Originalausgabe

Der Goldmann Verlag ist ein Unternehmen
der Verlagsgruppe Bertelsmann

Made in Germany · 10/90 · 2. Auflage

Umschlaggestaltung: Design Team, München
Umschlagfoto: Archiv für Kunst und Geschichte, Berlin
(Aus dem Stundenbuch des Jean Duc de Berry)
Graphiken: Christiane Eisler
Satz: Filmsatz Schröter GmbH, München
Druck: Presse-Druck Augsburg
Verlagsnummer: 13516
Redaktion: Christel Braun
Lektorat: Johannes Jacob
Herstellung: Gisela Ernst/Voi
ISBN 3-442-13516-8

Inhalt

Wozu dieses Buch?

Noch in keiner Zeit sind so viele astrologische Fachbücher erschienen wie heute. Daher könnte die Frage auftauchen: warum dann auch noch dieses Buch.

Der Grund ist einfach. Mit der Ausbreitung der Astrologie kamen immer mehr astrologische Richtungen auf. Je mehr Astrologen aktiv wurden, um so mehr Schulen wurden ins Leben gerufen. Manche beruhten auf rechnerischer, auf psychologischer oder medialer Grundlage. Nur eine Richtung blieb dabei auf der Strecke: die klassische Astrologie.

Heute bieten unzählige Computerdienste Berechnungen und Zeichnungen in oft bis zu 50 Variationen an, und ein Ende dieser Vielfalt ist nicht abzusehen.

Dies alles erschwert nicht nur die Verständigung der Astrologen untereinander, es verwirrt auch die Anfänger und läßt die Fortgeschrittenen miteinander streiten.

Die klassische Astrologie, immerhin einige Jahrtausende alt, wuchs bedachtsam und legte auf Erfahrung über Generationen großen Wert. Das ist heute anders. Wie Pilze schießen Schulen aus dem Boden. Regeln wurden verbreitet, obwohl sie sich in der Praxis einfach nicht bewähren konnten.

Viele, die die hohe Kunst der Sterndeutung lernen wollen, wissen oft kaum mehr, wo sie anfangen sollen. Und wer sich als Anfänger für eine Richtung entschieden hat, findet schwer Zeit und Muße umzulernen, oder kaum Möglichkeit, sich mit allen heutigen Richtungen gründlich auseinanderzusetzen. Vergleiche der Methoden scheinen schlechthin unmöglich, wahre Werte sind nur mit Mühe zu entdecken.

Die Unterschiede in den einzelnen Schulen sind oft so groß, daß sich sogar manche Aussagen widersprechen. Einige Schulen arbeiten mit Planetenfiktionen, andere beziehen sogenannte neue astronomische Erkenntnisse mit ein, die knapp zehn Jahre alt sind. Auch wird mit Aspekten gearbeitet, die kaum mehr berechenbar sind, ferner tauchen nahezu alle paar Jahre neue Auswertungsbögen und andere Berechnungsarten auf, ganz zu schweigen von Computertexten, die sich mehr widersprechen, als daß hier gleiche Aussagen zu finden wären.

Alte sensitive Punkte* wurden verworfen, neue erfunden. Abendländische Astrologieregeln werden mit denen anderer Kulturkreise gemischt. Die Experimentierfreudigkeit der Astrologen scheint äußerst groß, was zu begrüßen ist, doch können Forschungserfahrungen kaum mehr abgewartet werden, da andere Erfindungen die ersten bereits in Frage stellen, ehe diese sich bewähren konnten. Es geht hier aber nicht um Kritik an den vielen neuen Schulen und Methoden. Es geht allein darum, die alten bewährten Grundlagen der klassischen Astrologie mit ihren Regeln, wenn auch in Kurzfassung aber doch halbwegs vollständig, darzulegen. Dies scheint wichtig für alle Interessierten, die sich der Astrologie zuwenden wollen. Was sich bewährt hat, und zwar Jahrtausende hindurch, sollte nicht vergessen oder verdrängt werden, selbst wenn manche Aussagen öfters mittelalterlich erscheinen mögen. Doch im Kern stimmen diese Regeln noch immer, und es gibt kaum bessere, wenn man den Gesamtaufbau der Astrologie betrachtet. Deshalb soll, stichwortartig, die »klassische« Astrologie hier in ihren Grundlagen vorgestellt werden.

Die fünf Hauptsockel der klassischen Astrologie

Das Bauwerk der Astrologie besteht aus fünf Hauptsteinen. Diese sind:

1. *Die Planeten*
2. *Der Tierkreis*
3. *Das Häusersystem*
4. *Die Aspekte*
5. *Die rechnerischen Punkte*

* Sensitive Punkte sind Punkte mit besonderem Einfluß

Um diese fünf Sockel orientieren sich dann noch manche andere Regeln, die wir im weiteren erklären werden.

Alle diese Regeln beruhen auf jahrtausendealter Erfahrung, die sich aus der Beobachtung der Himmelsbilder im Zusammenhang mit dem Geschehen auf der Erde ergab.

Der Beginn oder der Ursprung der Erfahrungswissenschaft Astrologie liegt zirka 6500 Jahre zurück. Zunächst war der Lauf der Sonne beobachtet worden, danach der des Mondes, und schließlich wurden die Wandler am Himmel, die Planeten, entdeckt, die zu Beginn der Himmelsbeobachtung noch als Sterne angesehen wurden, weil sie sich von diesen, außer in ihren Bewegungen, auch nicht unterschieden. Dabei war der Himmel insgesamt (und ist es bis heute) in ständiger Bewegung.

Der Himmel oder, genauer gesagt, das Firmament des Himmels drehte sich über den Köpfen der priesterlichen Beobachter, denn es waren zumeist Priester oder Eingeweihte, die die Vorgänge des Himmels und der Erde ergründeten.

Gemäß dem Lauf der Sonne gingen auch Mond und Sterne im Osten auf und im Westen unter. Aber es gab Ausnahmen am nächtlichen Himmel. Die Sterne am hohen Nordhimmel gingen weder auf noch unter, sondern sie vollzogen (und vollziehen) kreiselförmige Bewegungen. An den Polen drehte sich der Himmel um sich selbst. Unabhängig von den Sternen (den Fernsonnen, wie wir noch erfahren werden) wandelten oder wandeln Sonne und Mond über den Tages- und Nachthimmel, wobei die Sonne nur am Tag, der Mond jedoch am Tag (wenn auch nur stundenweise) und des Nachts sichtbar war. Dazu traten mit der Zeit der Beobachtungsdauer jedoch noch andere Wandler. Zuerst wurde die Venus als hellster Wandler des Abends und des Morgens entdeckt, und auch Venus war (und ist) unter Umständen am Tageshimmel erkennbar. Nach Venus waren dann Jupiter und Mars am nächtlichen Firmament gut zu betrachten, während Merkur und Saturn wie die transsaturnischen Planeten (die Planeten, die jenseits der Saturnbahn wandeln), erst viel später entdeckt wurden. Neptun und Pluto sind für unsere Augen heute nur mit dem Fernrohr sichtbar, Uranus unter günstigen Voraussetzungen manchmal mit bloßem Auge.

Diese eigenständigen Bewegungen der Gestirne Sonne, Mond und Planeten wurden, da sie scheinbar das Geschehen auf der Erde lenken, für die Menschen bald so wichtig, daß man versuchte, diese Bewegungen zu zählen. Darüber hinaus wurden die Gestirne als Symbolzeichen alter Gottheiten betrachtet. Aber nie, das muß betont werden, wurden die Planeten mit den Gottheiten, auch wenn sie deren Namen trugen, gleichgesetzt. Es hieß vielmehr stets der »Stern des Jupiter«, der »Stern des Saturn« usw.

Das Beobachten, Zählen und Messen der Gestirnsbewegungen fing bei der Sonne an. Dazu benötigte man Hilfsmittel. An Steinen oder Bäumen, Felsen oder Bergen stellte man fest, daß die Sonne zwar stets im Osten aufgeht, aber höchst selten an der gleichen Stelle. Und auch der Untergang im Westen war örtlich verschieden.

Doch wurde schließlich bemerkt, daß irgendwie (Genaues wußte man noch nicht) die Sonne immer zum Ausgangspunkt der Messung zurückkam. Es schien so, als würde die Sonne einen Kreislauf um die Erde vollziehen, der sich nicht nur mit den Aufgängen und Untergängen allein messen ließ, sondern auch mit dem Verhalten der Natur, mit dem Verhalten der Pflanzen und Tiere. Ebenso mit dem Wechsel der Temperaturen oder dem Wechsel der Himmelsgaben (Regen wurde zu Schnee), sowie anderen Vorgängen auf der Erde. Der angenommene Kreislauf der Sonne wurde nun geteilt.

Ausgangspunkt war ein Kreis von 360 Grad, wobei jeder Grad später in 60 Bogenminuten (′) und jede Bogenminute in 60 Bogensekunden (″) geteilt wurde. Der Kreis von 360 Grad wurde zudem in zwölf Abschnitte von jeweils 30 Grad gegliedert. Diese Zwölfteilung ging auf das Verhältnis der beiden Lichter Sonne und Mond zurück, da in der Regel während eines Sonnenumlaufes zwölf Vollmonde zu bemerken waren. Das heißt, *ein* Sonnenumlauf entsprach *zwölf* Mondumläufen von Phase zu Phase, also von Neumond zu Neumond oder von Vollmond zu Vollmond.

Für die Arbeit mit diesen Abschnitten brauchte man Namen, und diese *entlieh* man sich von den Sternbildern. Die Sternbilder wurden sozusagen zu Paten der Tierkreisabschnitte, waren aber mit diesen *nie* identisch. *Nie*, das muß wiederholt werden, wurden von Astrologen Tierkreisabschnitte und Sternbilder gleichgesetzt, dies blieb *allein* den Gegnern der Astrologie überlassen, und diese nehmen im Grunde bis heute den Unterschied von Tierkreisabschnitten und Sternbildern nicht zur Kenntnis. Sie wollen dies einfach nicht einsehen in der Meinung, so die Astrologie (die natürlich angreifbar ist) am besten widerlegen zu können, abgesehen davon, daß sich die Größe eines Tierkreisabschnittes von 30 Grad nicht einmal mit der Größe eines Sternbildes deckt, da ja alle sehr unterschiedlich groß sind. Mit der Grundeinteilung in Abschnitte zu je 30 Grad und der Unterteilung eines Grades in 60 Bogenminuten und diese in 60 Bogensekunden war der Himmel meßbar, der Lauf der Gestirne berechenbar geworden.

Jedem Tierkreisabschnitt wurde durch ständige Beobachtung, die über Jahrtausende ging, eine Wirkung zugeschrieben. Diese Wirkung (auch ein umstrittenes Wort in der Astrologie) wurde durch die Wetter- und Klimawechsel deutlich. Oder anders: Dem Gang der Sonne durch den Tierkreis und seine Abschnitte folgten Auswirkungen in der Natur. Kam die Sonne in den Abschnitt Widder, brach die Natur auf. Wanderte die Sonne durch den Abschnitt Steinbock, war es deutlich kälter und auch länger dunkel (je höher im Norden, um so mehr) als etwa zur Zeit, da die Sonne im Sommer durch den Abschnitt Krebs lief. Nach dem Vorbild der Sonne wurde nun darauf geschlossen, daß auch die anderen Wandler am Himmel (Mond und Planeten) die Färbung der Abschnitte annahmen, womit sich so ihre jeweilige Kraft änderte. Dies müßte sich auf der Erde bemerkbar machen, wie es das Hauptgestirn, die Sonne, lehrt. Um aber nun das Geschehen, das am Himmel zu verfolgen war, mit dem Ablauf der Geschehnisse auf der Erde zu vergleichen, wurde das »himmlische« Meßsystem, das des Tierkreises also, auf die Erde übertragen, was zu den astrologischen Häusern führte.

Die nähere Beobachtung galt dann den Planeten untereinander. Am Beispiel von Sonne und Mond war gut sichtbar, wie sich der Anblick der Gestirne verändern kann, was nicht nur äußerlich zu werten ist. So wurde es als wichtiger Unterschied angesehen, ob Planeten nebeneinander (der Mond neben der Sonne ist dann vom Himmel verschwunden), oder ob sie in Opposition zueinander stehen (der Mond in Opposition zur Sonne ist dann als leuchtender Vollmond zu betrachten).

So wurden die Anblicke oder die Winkelstände der Planeten genau registriert, was schließlich zur Lehre der Aspekte führte.

Besonders wichtig waren dann aber auch gewisse rechnerische Punkte. Etwa wo und in welchem Zeichen die Sonne aufging, da bildlich gesehen an diesem Ort und zu dieser Zeit der Tag geboren wurde. Die Geburt des Tages wurde bald mit jeder Geburt gleichgesetzt, so war der Grad des Tierkreises, an dem der Horizont aufging, von ausschlaggebender Wichtigkeit. Dieser Aufgangspunkt wurde Aszendent genannt, was vom Wort *ascendere* gleich aufsteigen kommt. Wichtig war jedoch auch der Punkt, an dem die Sonne, auf den Tierkreis berechnet, ihren höchsten Tagesstand erreichte, also die Himmelsmitte, die in der Fachsprache Medium Coeli genannt wird. Dem Aufgangspunkt liegt schließlich der Untergangspunkt, der Deszendent (abgeleitet von *descendere* gleich absteigen) gegenüber, wie die Himmelsmitte auch gegenüberliegend eine Himmelstiefe bedingt, die fachsprachlich Imum Coeli heißt.

So waren vier markante Punkte gefunden: im Osten der Aszendent, im Süden das Medium Coeli, im Westen der Deszendent und im Norden das Imum Coeli.

Da sich in der Astrologie alles nach der Sonne richtete (sehen wir davon ab, daß es einst eine Mondastrologie gab, mit dem Mond als Hauptgestirn), wurde auch das Festhalten der Himmelsstände auf einer Skizze nach Süden hin ausgerichtet. Das heißt, in der Himmelskarte, dem Horoskop, ist oben Süden. Süden, weil die Sonne hier ihre stärkste Kraft fühlbar ausstrahlte. Erst später wurde der Blick nach Norden wichtiger, wie es unsere Atlanten zeigen.

Doch auch dieser Richtungswechsel kam auf Grund der Himmelsbeobachtung zustande, da sich der Nordstern von seiner Stellung her so gut wie nie veränderte, als Meßpunkt also zuverlässiger war als ein wandelndes Gestirn.

Später wurden noch andere rechnerische Punkte wichtig: etwa die Schnittpunkte der Mondbahn mit dem Tierkreis oder andere sogenannte sensitive Punkte, von denen viele kamen und wieder verschwanden. Uns sind jedoch nur die Punkte wichtig, ohne die die klassische Astrologie bis heute nicht auskommen kann, Deutungsregeln also, die heute noch gültig sind, die aber auch vom Ballast mancher abergläubischer Vorstellungen befreit wurden.

Im Grunde genommen beruht die Astrologie auf fünf sehr einfachen, leicht zu verstehenden Grundbeobachtungen. Schwierigkeiten bereitet eher die Kombination dieser fünf Hauptsockel mit- und untereinander. Dazu ein Grundlehrsatz:

Die zehn Planeten symbolisieren unsere zehn Hauptkräfte. Ihre Stellung in den Tierkreisabschnitten verdeutlicht die Färbung der jeweiligen Kraft, während die Stellung in den Häusern darauf hinweist, wo sich diese Kräfte im Leben auswirken. Aspekte deuten auf das »Wie« dieser Auswirkung hin, und die rechnerischen Punkte zeigen besondere Richtungsmerkmale an.

Jede Deutung beginnt also bei den Planeten selbst. Dann wird die Tierkreisfärbung dazugenommen. Nun betrachtet man, wo sich die Färbung dieser Kraft auswirkt und unter welchen Umständen. Wer nach dieser Grundlage vorgeht, wird die Astrologie überraschend schnell erlernen.

Gewarnt sei vor dem Aufschlagen von sogenannten »Kochbüchern«, in denen gewisse Planetenkombinationen vorgedeutet sind. Wer einmal schaut, schaut öfters nach und lernt das Kombinieren nie. Außerdem vermag *kein* Regelbuch alle möglichen Kombinationen zu erfassen, da hilft auch kein Computer, sondern nur die eigene Schulung, die dann zur Intuition führt.

Bequeme Wege zur Horoskopdeutung gibt es nicht, das präge sich jeder ein, der sich mit dieser Wissenschaft auseinandersetzen möchte. Die Auseinandersetzung lohnt sich, wir beginnen also und wenden uns vorerst den Planeten zu.

Die Planeten

Die klassische Astrologie arbeitet mit zehn Planeten, die unsere Hauptkräfte symbolisieren. Neuerdings werden noch zwei Planeten hinzugenommen: der Transpluto, auch Isis genannt, und Chiron. Beide Planeten haben mit der traditionellen Astrologie *nichts* zu tun, schon ihre Namen wären falsch. Isis weist auf Ägypten hin, und Transpluto paßt auch nicht in die Reihe der römischen Gottheiten. Bei Chiron (oder Charon) streitet man, ob es sich um einen Mond des Pluto oder um einen Planeten aus einem anderen Sonnensystem handelt. Beide Möglichkeiten schließen eine Beteiligung am Regelwerk der klassischen Astrologie aus.

Wichtig ist die Arbeit mit folgenden Gestirnen:

Sonne	das Hauptgestirn
Mond	der Satellit der Erde
Merkur	der sonnennächste Planet
Venus	der leuchtendste Planet
Mars	der rote Planet
Jupiter	der größte Planet
Saturn	der Hüter der Schwelle
Uranus	der erste der transsaturnischen Planeten
Neptun	der unscheinbarste Planet
Pluto	der, von der Umlaufbahn her, eigenwilligste Planet

Die klassische Astrologie schrieb nun jedem dieser dunklen Himmelskörper, die nur sichtbar sind, weil sie das Licht der Sonne reflektieren, gewisse Eigenschaften zu. Diese Eigenschaften hatten sowohl ihre hellen wie dunklen Seiten, oft banal als gut und böse bezeichnet. Um von diesen Vor-Urteilen wegzukommen, sprechen wir bei den folgenden Regelübersichten daher besser von *Chancen* und *Gefährdungen*, welche solche Eigenschaften auslösen können.

In der klassischen Astrologie werden die zehn Planeten mehrmals unterteilt:

Die *Gestirne*	Sonne und Mond
Die *inneren* Planeten	Merkur und Venus
Die *äußeren* Planeten	Mars, Jupiter und Saturn
Die *Transsaturnier*	Uranus, Neptun und Pluto

Gestirne, innere und äußere Planeten gelten auch als die *traditionellen* Planeten.

Uranus jedoch war zumindest den Griechen bekannt, von Neptun darf man dies auch annehmen. Pluto wurde wohl erst 1930 entdeckt.

Die Planeten symbolisieren nun nicht nur Eigenschaften und Kräfte, sondern auch Personen oder Institutionen.

Außerdem wurde ihnen ein Geschlecht zugeordnet. Danach wären:

Männliche Planeten:	*Weibliche Planeten:*
Sonne	Mond
Mars	Venus
Jupiter	Saturn
Pluto	Neptun

Neutral sind:
Merkur
Uranus

Ferner wurden die Planeten (leider) in gute und böse eingeteilt. Wenn dies auch heute als überholt gilt, wollen wir diese Einteilung doch nennen:

Als »*gut*« galten:	Als »*schlecht*« galten:
Sonne	Mars
Mond	Saturn
Venus	Neptun
Jupiter	Pluto

Als »*neutral*« galten:
Merkur
Uranus

Aber die Planeten waren auch untereinander eng verbunden. So symbolisieren je zwei Planeten jeweils eine Entwicklung in höhere Regionen – genannt die »höheren« Stufen.

Die höhere Stufe	der Sonne	ist der Jupiter.
"	des Mondes	ist der Saturn.
"	des Merkur	ist der Uranus.
"	der Venus	ist der Neptun.
"	des Mars	ist der Pluto.

Merkur und Venus wurden zudem mal als Abend-, mal als Morgenstern gesehen und daher auch leicht unterschiedlich gewertet.

Wir umreißen nun den Symbolgehalt der Planeten.

Sonne ☉

Grundprinzipien:
Das Ich-Bewußtsein, der Lebenskern, das Göttlich-Schöpferische, die Würde und Ehre, Selbstbewußtsein, Tätigkeitsdrang, Daseinsausrichtung

Körperlich:
Das Herz, die Arterien, die mittlere Rückengegend, das rechte Auge des Mannes, das linke Auge der Frau, die Lebenskraft, der Puls und das Blut

Personen:
Der Vater, der Ehemann, alle Autoritätspersonen wie Chef, Vorgesetzter, Monarch, Präsident, Minister oder die leitende Persönlichkeit, Machtpersonen, vom Polizisten bis zum Piloten, vom Hausherrn bis zum Lehrer

Chancenreiche Eigenschaften:
Daseinswille, Stolz, Selbstbewußtsein, Führungskraft, Mut, Lebensfreude, Ehrlichkeit, Großmut, die Ausstrahlung und der Ich-Wert

Gefährdungen:
Hochmut, Dünkel, Anmaßung, vorgetäuschtes Können, herabgesetzte Lebenskraft, mangelndes Selbstbewußtsein, Eigensinn, Ehrsucht, Überschätzung

Planetenzahl: 1

Gesellschaftlich:
Der Staat, die Herrschaft, glänzender Prunk, das Feudale, die hohe Welt

Aufgabe:
Lebensgestaltung, das Übersichhinauswachsen, die Zielanvisierung, die Bewährung, der Leistungssinn, der persönliche Einsatz

Mond ☽

Grundprinzipien:
Der unbewußte Lebenskern, die Seele, das Gemüt, das Unsterbliche in einem Menschen, Laune und Stimmung, Familiensinn und Häuslichkeit

Körperlich:
Das linke Auge des Mannes, das rechte Auge der Frau, Magen, Blase, Drüsen und Lymphbahnen, Samen und besonders die weiblichen Organe

Personen:
Die Mutter, die Ehefrau, das Kind, Familienangehörige, der Kamerad, Freunde, Beichtväter und Psychologen, Hebamme und andere beistehende Personen, die weise Frau, Naturverbundene, Priester und Seelenführer

Chancenreiche Eigenschaften:
Empfindsamkeit, Taktgefühl, Verstehen, Hilfsbereitschaft, Mütterlichkeit, seelische Wandlungskraft, innere Beweglichkeit, Sensitivität, Freude

Gefährdungen:
Haltlosigkeit, Mangel an Zivilcourage, Empfindlichkeit, Angst, Mißtrauen, ungesunde Phantasie, Tagträume, Beeinflußbarkeit, Verführbarkeit

Planetenzahl: 2

Gesellschaftlich:
Das Volk, die Dienstbaren, die Gläubigen, die Helfenden, die Fatalisten

Aufgabe:
Behütung, Trost geben, das Verständnis, die Dienstbereitschaft, Glaube an das Jenseits und Weiterleben, Bescheidenheit, Demut als Grundkraft

Merkur ☿

Grundprinzipien:
Das Denken und Handeln, die Vermittlung, die Reaktion und Aktion, der Intellekt, das Kaufmännische, das Schreiben und Lesen, das Lehren

Körperlich:
Die Nerven, das Großhirn, das Rückenmark, der Tastsinn, die Arme und Hände, die Atmungsorgane, der Darm und die Verdauung, das Bauchfell

Personen:
Der Adjutant, der Advokat, der Journalist, der Bote und Vermittler, der Kaufmann, der Reiseleiter, der Lehrer, der Berufsberater, der Wissenschaftler, Denker und Philosoph, der Agent und Spion, der Intrigant

Chancenreiche Eigenschaften:
Klugheit, Auffassungsgabe, Witzigkeit, Ideenlieferant, Lernen und Lehren, gute Beobachtungs- und Vermittlungsgabe, die schnelle Bereitschaft, Handeln

Gefährdungen:
Unwahrsein, Feilscherei, zu intellektuell in der Reaktion, berechnendes Denken, List und Hintersinn, Unbedachtsamkeit, Schlauheit statt Klugheit

Planetenzahl: 6

Gesellschaftlich:
Lehrer, Praktiker und Pragmatiker, Agenturen, Vermittler, die rechte Hand, Geschäftsführer, immer Lernende, Menschen, die Gegensätze verbinden

Aufgabe:
Handeln und Vermitteln, Lehren und Lernen, das Durchdenken, das philosophische Erkennen und Wissen, analytische Logik fördern, Bereitsein

Venus ♀

Grundprinzipien:
Das Fühlen, das Lieben, die Kunst, die Muse, die Schönheit, das Vergnügen, die Erotik, die Freude, Freundschaft und Sympathie, die Lebenslust

Körperlich:
Niere und Blase (mit Mond), die Mutterorgane, die Brust, die Wangen, die Haut (mit Saturn), die Halsgegend, die Stimmorgane, das betont Weibliche

Personen:
Die Muse, die Geliebte, die Freundin, die Tochter, die junge Frau, die Braut, die Künstlerin, die Schönheitsberaterin (von Kosmetik bis zur Mode), die Salondame, die Diplomatin, die Verführerin und Nebenbuhlerin

Chancenreiche Eigenschaften:
Weibliche, verführerische Ausstrahlung, künstlerische Begabung, Diplomatie, Freude und Glück bereiten, Starallüren, Anziehungskraft, Glanz

Gefährdungen:
Luxus, Bohemeleben, Unordentlichkeit, Eitelkeit, Genußsucht, Verführungen, Liebe als Werkzeug und Mittel einsetzen, Schlamperei, Sichgehenlassen

Planetenzahl: 8

Gesellschaftlich:
Das Künstlertum, die Showwelt, der Luxus, die oberen Zehntausend, die käufliche Liebe, die Vergnügungswelt, Schönheitssalons, Musikwelt

Aufgabe:
Liebe schenken, Muse sein, künstlerische Entwicklungen fördern, Lebensfreude spenden, musikalisch wirken, All-Liebe, Hilfsbereitschaft

Mars ♂

Grundprinzipien:
Energie, Wille, Startkraft, Mut, Kampfbereitschaft, das betont Männliche, der Sexualtrieb, der Antrieb und Drang, das Vorwärtstreibende

Körperlich:
Der Kopf, der Schädel, die Ohren, das Blut, die Geschlechtsorgane (besonders die männlichen), die Galle (mit Saturn), die Nase, die Muskeln

Personen:
Der Geliebte, der Freund und Kamerad, der Sohn, der Soldat, der Pionier, der Revolutionär, der Polizist, der Rebell und Widersacher, der Herausforderer

Chancenreiche Eigenschaften:
Mut, Kampfbereitschaft, Antrieb, Willensstärke, Idealismus, den Umbruch herbeiführen, die Jugendlichkeit (bis ins Alter), die Mannhaftigkeit

Gefährdungen:
Fanatismus, Draufgängertum, Abenteuerwesen, Rücksichtslosigkeit, Zorn, Gewaltsamkeit, Unbeherrschtheit, Amoklaufen, Unversöhnlichkeit

Planetenzahl: 3

Gesellschaftlich:
Uniformträger, die Armee, die Polizei, alle Kontrollorgane, die Feuerwehr, die Revolutionäre, die Auswanderer und die Jäger, die Sportwelt

Aufgabe:
Einsatzbereitschaft, das Neue erreichen, Grenzen sprengen, Kampf gegen Reaktion, Eroberungen, Forschungen, gegen Verkrustungen auftreten, Mut

Jupiter ♃

Grundprinzipien:
Entfaltung, Gerechtigkeit, Sinnsuche, Priestertum, Gläubigkeit, Medizin, Einsicht und Glauben, Ordnung der Welt, Führungsverpflichtungen

Körperlich:
Die Leber, der Brustkasten, die Lenden, die Arterien als Gefäße, die Fettschichten, Geschwülste (Krebs?), Bluthochdruck, Wucherungen

Personen:
Der Chef, der Richter der letzten Instanz, der Priester, der Lebensberater, der Besitzer, der Reiche, der Notar und Professor, der Intendant

Chancenreiche Eigenschaften:
Gläubigkeit, Kraft zur Sinnsuche, Erkennen der Lebensgesetze, Glaubens- und Führungskraft, Wohlstand schaffen, Toleranz, Großmut, Würde

Gefährdungen:
Hochmut, falsche Jovialität, Rechthaberei, Ehrsucht, Eitelkeit, Prahlereigehabe, Genußsucht, besonders leiblicher Art, Vor-Verurteilung, Angabe

Planetenzahl: 4

Gesellschaftlich:
Die Führungswelt, das Richtertum, die Priesterschaft, die Professoren, Großunternehmer, Großbauern, Gutsherren, Topmanager, alle Stars

Aufgabe:
Weltführung, Einsatz für Gerechtigkeit, im Glauben führen, Vorbild sein, das Idealistische fördern, Warmherzigkeit, Betreuung von Körper und Geist

Saturn ♄

Grundprinzipien:
Konzentration, Beschränkung, Bewahrung, Tradition, die Grenze alles Erreichbaren, die Schwelle als Übergang, das Konservative, das Schicksal

Körperlich:
Knochen, Haut (mit Venus), Galle (mit Mars), Kniee, Rückgrat, chronische Krankheiten, Steinleiden, Abmagerung, Gicht, Rheuma, Arterien, Zähne

Personen:
Die Prüfer, die strengen Lehrer, die Geheimwissenschaftler, die Großeltern, der Seniorchef, Hausbesitzer, Vermieter, Kontrolleure, Fahnder

Chancenreiche Eigenschaften:
Konzentration, Zähigkeit, Erkennen des Wesentlichen, Durchhaltevermögen, Geduld, Vorsicht, weitgesteckte Ziele, Fähigkeit zu warten, zu pokern

Gefährdungen:
Geiz, List, Tücke, Rachsucht, falsche Härte, Freude am Schmerz anderer, Gemütskälte, Angst, Gehemmtheit, Unbarmherzigkeit, kühles Handeln, Neid

Planetenzahl: 5

Gesellschaftlich:
Grund- und Hausbesitzer, Prüfungskommissionen, Bergarbeiter, graue Eminenzen, Eremiten und Nonnen, Mahner und Traditionsbewußte

Aufgabe:
Das Wesentliche erkennen, philosophisches Grunddenken, den Stein der Weisen finden, Selbstbeherrschung, Besitzstandswahrung, Konservatismus

Uranus ⛢

Grundprinzipien:
Die Intuition, das Neue, der Einbruch, der plötzliche Wandel, der Umschwung, die Revolution des Denkens, die zündende Idee, das Aha-Erlebnis

Körperlich:
Der Blutkreislauf, die Waden, die Durchblutung, das Fieber, der Unfall, Schockerlebnisse, der plötzliche Stillstand, der Kollaps und Infarkt

Personen:
Der Pilot, der Rennfahrer, der Gagmann, der Quizmaster, der rettende Freund, der Notarzt, der Techniker und Erfinder, der Psychologe

Chancenreiche Eigenschaften:
Das Neue erkennen, das Alte vergessen, die rettende Idee, der geniale Einfall, Schlagfertigkeit, die Konstruktion, das Vorausschauen, das Umdenken

Gefährdungen:
Unzuverlässigkeit, die Neugierde, die innere Unruhe, mangelnde Zähigkeit, erlahmendes Interesse an einer Aufgabe, Scharlatanerie, Bluff

Planetenzahl: 7

Gesellschaftlich:
Die Psychologen, Psychiater, die Techniker, die Rennfahrer, die Welt der Raketen und Weltraumflieger, der Jahrmarkt, die Revue- und Showwelt

Aufgabe:
Das Neue sehen, zum Licht streben, die Erfindungen zum Wohl der Menschheit, die Fortschrittsentwicklung, Überwindung des Verkrusteten

Neptun ♆

Grundprinzipien:
Der Instinkt, das Ur-Animalische, die Inspiration, das Ahnen, die All-Liebe, aber auch das Geheimnisvolle, die Täuschung, die Halluzination

Körperlich:
Die Übersensibilisierung, die innere Unruhe, die Schlaflosigkeit, das Flimmern der Augen, die Angst vor Krankheiten, Erschöpfungen, Hysterie

Personen:
Der Samariter, der Verführer, der Gaukler, der Narr, aber auch der Inspirator, die Esoteriker, der dämonische Mann, die dämonische Frau, Furien

Chancenreiche Eigenschaften:
Instinktsicherheit, esoterische Begabungen, das Unklare durchschauen, den jeweiligen Ausweg finden, nachtwandlerische Inspiration

Gefährdungen:
Selbsttäuschung, Unklarheiten, Illusionen nachjagen, sich selbst und anderen etwas vormachen, Wachträume, Einbildungen, Verlust der Realität

Planetenzahl: 9

Gesellschaftlich:
Die Sekten und Logen, die Geheimbündnisse, Verschwörerkreise, Naturgenießer, Nacktbader, Tierpfleger und Wärter, die Welt der Lüste

Aufgabe:
Instinktschulung, Bedürfnisse der Umwelt erkennen, Naturliebe, Traumdeutung, Seelenführung, Welt der Esoterik aufschließen, All-Liebe

Pluto ♇

Grundprinzipien:
Durchsetzungskraft, Machtwille, Abheben von der Masse, Anspruch auf Absolutheit, der dunkle Trieb, die grundsätzliche Übersteigerung, das Atom

Körperlich:
Die Überanstrengung, die Anspannung und Anstrengung bis zur Erschöpfung, der Zusammenbruch, die unheimlichen Krankheiten wie Aids etc.

Personen:
Der Diktator, der Tyrann, der Demagoge, der Beherrscher der Atomkraft, der Chef alter Art, der Boxer und bestellte Mörder, der Mafia-Boß, der Erpresser

Chancenreiche Eigenschaften:
Sich durchsetzen, das Abheben vom Durchschnitt, gewaltige Anstrengungen leisten, um Großes zu erreichen, der Wagemut, der totale Einsatz

Gefährdungen:
Rücksichtslosigkeit ohne Grenzen, Niederschlagen von Gegenmeinungen, Unterdrückungssucht, Ellenbogenkraft, Hinnehmen von Massenverlusten

Planetenzahl: 0

Gesellschaftlich:
Die Machtbewußten, die Leiter der Spionagedienste, die geheimen Herrscher, Agentenmilieu, Unterwelt, rücksichtslose Aufsteiger, geheime Verführer

Aufgaben:
Durchsetzung gegen Widerstände, Machtbalance, Beherrschung des dunklen Triebes, Kräfte in richtige Kanäle lenken, Ausnutzung aller Energien

Diese Stichworte zu den Planeten sollen Anregungen geben. Jeder gute Astrologe findet zum jeweiligen Planetenprinzip seine näheren Erläuterungen, um Erkenntnisse aus einem Horoskopbild zu ziehen, und um anderen individuelle Hinweise geben zu können.

Bei den Planeten handelt es sich, dies sei auch noch einmal betont, um Symbolkräfte, die in uns leben. Alle rechnerischen Punkte wie Aszendent oder Medium Coeli und die Knoten stellen *keine* Kräfte dar, sondern sie geben uns die Richtungen an. Der Aszendent sagt, wie wir der Außenwelt erscheinen, das Medium Coeli spiegelt unsere Berufungstendenz wider. Auch die Planetenknoten stellen eher Aufgaben dar. Die Mondknotenachse etwa, wo und wie wir, auf das reale Leben bezogen, unsere Mitte finden können. Hier müssen dann Beziehungen (also Aspekte oder Anblicke) zu den rechnerischen Punkten im Horoskop gefunden werden.

Bei der Auswahl der Berufsbeispiele sollte nur die Tendenz der Planetenprinzipien aufgezeigt werden. Auch die medizinischen Hinweise sind Tendenzen, und eine Heilbehandlung kann aus dem Horoskop *allein* überhaupt nicht herausgefunden werden. Der Arzt hat immer das Vorrecht vor dem Astrologen, ist also bei Krankheiten stets zuerst zu fragen. Die Geschichte weiß jedoch von Ärzten zu berichten, die, um zu einer richtigen Diagnose zu gelangen, bis in die heutigen Tage das Horoskop eines Patienten sehr oft zu Rate gezogen haben, meist mit großem Erfolg. Solche Vorkommnisse kann der Autor persönlich bestätigen.

Planeten und Fixsterne

Die klassische Astrologie arbeitete auch mit Fixsternen. Fixsterne sind Sonnen. Es sind die Sterne, die wir außer den Wandlern des Nachts am Firmament leuchten sehen. Da diese Sonnen

Ekliptiklänge der Tierkreissternbilder

Tierkreis		*Ekliptiklänge für Sternzeichen*	*für Sternbild*
Widder	♈	0°– 30°	29°– 53°
Stier	♉	30°– 60°	53°– 89°
Zwillinge	♊	60°– 90°	89°–117°
Krebs	♋	90°–120°	117°–138°
Löwe	♌	120°–150°	138°–173°
Jungfrau	♍	150°–180°	173°–219°
Waage	♎	180°–210°	219°–237°
Skorpion	♏	210°–240°	237°–268°
Schütze	♐	240°–270°	268°–298°
Steinbock	♑	270°–300°	298°–326°
Wassermann	♒	300°–330°	326°–351°
Fische	♓	330°–360°	351°– 29°

An den beiden Spalten ist gut erkennbar, wie sehr sich die Sternbilder in bezug auf den Tierkreis verschoben haben. Außerdem wird deutlich, daß die Sternbilder sehr unterschiedlich groß sind und sich schon von daher *nie* mit den Tierkreisabschnitten gedeckt haben.

jedoch außerhalb unseres Sonnensystems stehen, auf dem die abendländische Astrologie aufgebaut ist, bezeichnen wir sie als *Fernsonnen.*

Da unsere Sonne eine spürbare, meßbare Wirkung hat, waren es die Griechen und im ganz besonderen Maße die Araber, die die Fernsonnen in die Astrologie eingeführt und mit ihnen gearbeitet haben. Die Fixsterne sind von der Länge her (auf unseren Tierkreis bezogen) meßbar. Sie stehen zum Teil in *den* Sternbildern, die unseren Tierkreisabschnitten ihre Namen liehen. Durch die Präzession jedoch verschoben sich die Sternbilder, alle 72 Jahre um rund ein Jahr. Das bedeutet in der Praxis, daß sich in rund 2000 Jahren jedes Sternbild um 30 Grad verschiebt (siehe Tabelle Seite 30). Die Präzession ist die Bewegung der Erdachse in zirka 25800 Jahren um den Pol der Ekliptik. Sie wird auch Platonisches Jahr genannt und ist eine Folge der Gravitationswirkung von Sonne und Mond auf den massereichen Äquatorwulst der Erde, die versucht, die Erdachse senkrecht zur Ekliptik zu stellen. Wichtig ist nur, daß so begriffen wird, warum der Zwillingsstern Pollux heute zum Beispiel im Abschnitt Krebs steht. Zur Zeit der alten Griechen deckten sich nämlich Sternbild und Tierkreisabschnitt in etwa.

Die Fixsterne

Vom Algenib zum Markab

Die Fixsterne werden, allem Anschein nach, von Planeten umkreist. Man schließt das daraus, weil manche dieser Fernsonnen mal wie ein Stern zweiter, mal wie ein Stern vierter Größe leuchtet, was besonders beim Algol zu erschauen ist, da sich scheinbar ein Planet (der jeweiligen Fernsonne) zwischen Erde und etwa den Algol schieben könnte.

Nun wurden seit altersher nicht alle Sterne als Fernsonnen in die Horoskopdeutung einbezogen, sondern nur die »Stellae fixae«, die sich auf der gleichen Ebene wie unsere Planeten befinden. So hielt es Ptolemäus, der zirka vom Jahr 90 bis zum Jahr 160 in Alexandria lebte, und dort das erste, heute noch vollständig überlieferte Astrologielehrbuch verfaßte, so hielten es die Araber, die den meisten Fixsternen ihre noch heute gültigen Namen gaben.

Auch der berühmte Astronom und Astrologe Tycho de Brahe (geboren 1546 in Dänemark, gestorben 1601 in Prag), bei dem Kepler als Assistent arbeitete, beobachtete die Fixsterne in bezug auf ihre Wirkung im Horoskop und kam zu einem Ergebnis, das heute noch gilt: »Diese Sterne sind *Mütter*, die *allein* unfruchtbar blieben, aber durch Planetenkonjunktionen befruchtet Schicksal gebären würden.«

So werden diese Fixsterne also nur dann in die Deutung einbezogen, wenn sie eine Konjunktion (siehe Aspekte) mit einem Planeten oder einem rechnerischen Punkt aufweisen, wobei der Orbis (siehe Aspekte) nicht größer als ein halbes Grad zurück und ein Grad vorwärts betragen darf.

Fernsonnen dürften heute kaum mehr für eine Charakteranalyse hinzugezogen werden, sie sollen eher ungewöhnliche Ereignisse anzeigen (etwa die Katastrophe von Tschernobyl) oder auf herausragende Lebensläufe hinweisen, die allein aus dem Grundhoroskop nicht erkennbar sein sollen.

Auch erhalten die Fernsonnen durch ihre Stellung in den Tierkreiszeichen keine Färbung, sie werden nur von der Länge her in bezug auf den Tierkreis (siehe dort) bemessen.

Für die Deutung der Fernsonnen wurde auf das Grundprinzip der Planeten unseres Sonnensystems zurückgegriffen, wobei sich für die einzelnen Fernsonnen meist Planetenmischungen ergaben, so als würden Planeten zusammenstehen – etwa Mars und Saturn, oder Jupiter und Merkur etc.

Folgende Übersicht mag Hinweise zur »möglichen« Bedeutung der *Fernsonnen* geben, wobei die Gradangaben auf den Tierkreis bezogen leicht schwanken können (einen halben Grad oder 30 Bogenminuten).

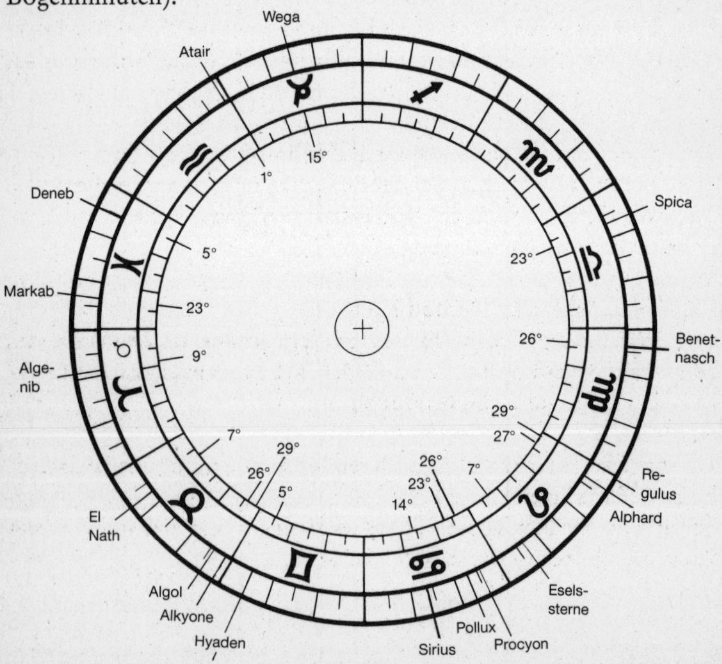

Algenib heute bei zirka 09 Grad Widder:
(im Sternbild Pegasus)
Mischung von Merkur und Mars. Ellenbogenkraft, starker Ehrgeiz mit handelnder Durchsetzungskraft

El Nath heute bei zirka 07 Grad Stier:
El Nath bedeutet der Stoßende (im Sternbild der Kassiopeia). Mischung von Mars und Saturn. Starke Stoßkraft mit Übermut, Gefahr, aus einer Höhe abzustürzen

Algol heute bei zirka 26 Grad Stier:
Das Haupt der Medusa. Auch Mischung von Mars und Saturn. Besondere Kraft, Hang zu Gewalttätigkeit, sowie Gefahr des Rausches (Sucht oder Alkohol)

Alkyone heute bei zirka 29 Grad Stier/00 Grad Zwillinge:
Hauptstern der Plejaden. Mischung von Mars und Mond. Verdunklung der inneren Sicht (innere Blindheit). Einäugige Betrachtungsweise

Die Hyaden heute bei 04–06 Grad Zwillinge:
Hier handelt es sich um einen Sternhaufen. Mischung von Mars und Neptun. Die Regensterne. Schleichende Gefährlichkeit, Intrigenanfälligkeit oder -veranlagung

Sirius heute bei zirka 14 Grad Krebs:
Der Hundsstern (Sternbild des großen Hundes). Mischung von Mars und Venus und Jupiter. Soll Berühmtheit anzeigen, Ausstrahlungskraft, die auf Kampfesmut beruht

Pollux heute bei zirka 23 Grad Krebs zusammen mit Castor (Sternbild der Zwillinge):
Potenzierte Marswirkung. Zeigt Anfangserfolge, dann schweres Schicksal an, zu überwindendes Leid

Procyon heute bei zirka 26 Grad Krebs:
Mischung von Mars und Merkur und Uranus. Jäher Wechsel und Umsturz, auch Attentat oder gewalttätiger Verrat, einst sprach man gar von einem hündischen Charakter, womit der innere Schweinehund im Menschen gemeint war. Werden die Gegenkräfte überwunden, kommt es zu Erfolg und Ruhm

Eselssterne heute bei zirka 06 bis 08 Grad Löwe:
(Ein Sternhaufen im Sternkreis Krebs). Mischung von Sonne und Mond. Sinnenfreude, der rechte Blick, daher gutes Ankommen.

Alphard heute bei zirka 27 Grad Löwe:
Auch El Pherd, der Einsame genannt (Sternbild der Hydra). Mischung von Saturn und Venus. Für Männer: Es ist mit Schäden von Frauen zu rechnen. Für Frauen: Männerbetörende Ausstrahlung und Wirkung

Regulus heute bei zirka 29 Grad Löwe/00 Grad Jungfrau:
(Sternbild des Löwen, auch als Herz des Löwen bezeichnet). Mischung von Jupiter und Mars. Berühmtheit, Anerkennung, erkämpfter Erfolg, Würde

Benetnasch heute bei zirka 26 Grad Jungfrau:
Auch als Klageweib der Araber verschrien. Mischung von Mond und Uranus. Seelische Einbrüche und Leiden, revoltierende Seele (Wird kaum sehr stark bewertet, doch rückblickend scheinbar bei Historien-Horoskopen recht entscheidend.)

Spica heute bei zirka 23 Grad Waage:
(Hauptstern des Sternbildes Jungfrau). Mischung von Mars und Venus. Erotik und Sinnlichkeit, aber auch Reichtum und Glück durch Frauen nach Überwindung mancher Leidstufen

Wega heute bei zirka 15 Grad Steinbock:
(Sternbild der Leier). Mischung von Sonne und Venus. Ein Glückssymbol der Alten, wenn auch Skandale und Affairen möglich sind.

(Heute könnte man von Pressekampagnen über bekannte Persönlichkeiten sprechen.)

Atair heute bei zirka 01 Grad Wassermann:
(Sternbild Adler). Mischung von Uranus und Jupiter. Tapferkeit und Mut, Erneuerungen, Symbol für schnelle Entscheidungen in Krisensituationen

Deneb heute bei zirka 05 Grad Fische:
(Sternbild Schwan). Mischung von Saturn und Uranus. Gefahr durch Zwielichtigkeit, Eintreten für neue Wege, auch wenn dadurch Schwierigkeiten in Kauf genommen werden müssen

Markab heute bei zirka 23 Grad Fische:
Mischung von Neptun und Pluto (früher Mars und Saturn). Gefahr durch Gewalt, Feuer, aber auch Hinterlistigkeit, fehlgeleiteter Instinkt, Machttraum

Es werden teilweise noch andere Fernsonnen mit in die Deutung einbezogen wie Rigel, Aldebaran, Antares oder Kapella.

Weit über 5000 Fernsonnen sind mit dem bloßen Auge sichtbar. Je besser die Fernrohre werden, um so mehr Fixsterne sind erkennbar, aber die Gefahr, hier zu viel hineinzudeuten, ist nicht zu übersehen. Die moderne Astrologie verwendet die Fernsonnen in der Regel sowieso nicht mehr, aber zur klassischen Astrologie gehören sie dazu.

Heute dienen sie zur Verfeinerung der Aussagen, und es ist zum Teil wirklich erstaunlich, was die Konjunktion einer Fernsonne etwa beim Aszendenten oder bei der Himmelsmitte aussagen kann. Doch der Anfänger sollte sich nicht zu sehr auf die Fernsonnen stürzen.

Der Tierkreis

Der Tierkreis ist identisch mit der Ekliptik oder der Bahn der Sonne.

Die Tierkreiszeichen

1.	Zeichen Widder	=	0°– 30° am Tierkreis gemessen
2.	Zeichen Stier	=	30°– 60° am Tierkreis gemessen
3.	Zeichen Zwillinge	=	60°– 90° am Tierkreis gemessen
4.	Zeichen Krebs	=	90°–120° am Tierkreis gemessen
5.	Zeichen Löwe	=	120°–150° am Tierkreis gemessen
6.	Zeichen Jungfrau	=	150°–180° am Tierkreis gemessen
7.	Zeichen Waage	=	180°–210° am Tierkreis gemessen
8.	Zeichen Skorpion	=	210°–240° am Tierkreis gemessen
9.	Zeichen Schütze	=	240°–270° am Tierkreis gemessen
10.	Zeichen Steinbock	=	270°–300° am Tierkreis gemessen
11.	Zeichen Wassermann	=	300°–330° am Tierkreis gemessen
12.	Zeichen Fische	=	330°–360° am Tierkreis gemessen

Der Tierkreis wurde früher quadratisch gezeichnet, aber in der Regel wird er in einer Kreisform dargestellt.

Um es noch einmal zu betonen: Süden ist oben.

Damit ist vom Betrachter aus gesehen links Osten, genau da, wo auf unserer schematischen Abbildung der Abschnitt Widder beginnt. Die zwölf Tierkreisabschnitte sind also das Maß, das unseren zwölf Monaten entspricht.

Jede der vier Jahreszeiten besteht aus je drei Abschnitten:

Frühlingsabschnitte sind:	Widder, Stier, Zwillinge
Sommerabschnitte sind:	Krebs, Löwe, Jungfrau
Herbstabschnitte sind:	Waage, Skorpion, Schütze
Winterabschnitte sind:	Steinbock, Wassermann, Fische

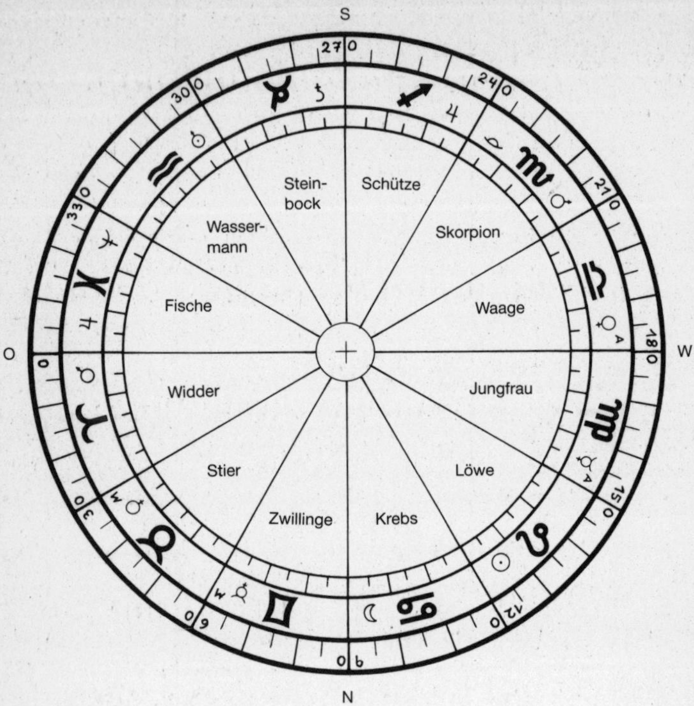

Der Tierkreis

Dies ist wichtig für die Motorik, von der wir drei Spielarten kennen: bewegend, fest, angleichend

Die ersten Abschnitte jeder Jahreszeit sind bewegend:
also: Widder, Krebs, Waage, Steinbock

Die mittleren Abschnitte sind fest:
also: Stier, Löwe, Skorpion, Wassermann

Die letzten Abschnitte sind angleichend:
also: Zwillinge, Jungfrau, Schütze, Fische

Schließlich ordneten die Alten jedem Tierkreisabschnitt eines der vier Elemente Feuer, Erde, Luft, Wasser zu:
Feuer: Widder, Löwe, Schütze
Erde: Stier, Jungfrau, Steinbock
Luft: Zwillinge, Waage, Wassermann
Wasser: Krebs, Skorpion, Fische.

Fehlt noch die Einteilung in die männlichen und weiblichen Tierkreisabschnitte oder Zeichen, die sich wie Tag und Nacht abwechseln. Hierbei sei betont, daß es in der Astrologie *nie* um nur positive oder negative Aussagen geht, weder bei den Zeichen noch bei den Planeten. Die Einteilung in männlich und weiblich enthält also keine Wertung.
Männlich sind:
Widder, Zwillinge, Löwe, Waage, Schütze, Wassermann.
Weiblich sind:
Stier, Krebs, Jungfrau, Skorpion, Steinbock, Fische.

Damit können wir folgende Gesamtübersicht geben:

Widder	=	Feuer	bewegend	männlich
Stier	=	Erde	fest	weiblich
Zwillinge	=	Luft	angleichend	männlich
Krebs	=	Wasser	bewegend	weiblich
Löwe	=	Feuer	fest	männlich
Jungfrau	=	Erde	angleichend	weiblich
Waage	=	Luft	bewegend	männlich
Skorpion	=	Wasser	fest	weiblich
Schütze	=	Feuer	angleichend	männlich
Steinbock	=	Erde	bewegend	weiblich
Wassermann	=	Luft	fest	männlich
Fische	=	Wasser	angleichend	weiblich

Es gibt noch weitere Einordnungen der Tierkreisabschnitte, die zwar bis heute kaum mehr in den neuen Lehrbüchern zu finden sind, die aber doch gute Anregungen für die Deutung vermitteln können, weswegen wir sie hier (teilweise) aufführen.

Die menschlichen Abschnitte sind:
Zwillinge, Jungfrau, Schütze, Wassermann.

Die tierbezogenen Abschnitte sind:
Widder, Stier, Krebs, Löwe,
Skorpion, Steinbock, Fische.

Symbol des Ausgleichs (zwischen Mensch und Tier):
Waage.

Misch-Zeichen ist:
Schütze (Kentaur-Zeichen: halb Mensch – halb Tier).

Gemeinschaftliche Zeichen sind:
Zwillinge, Jungfrau, Schütze, Fische
(auch die angleichenden Zeichen genannt).

Die fruchtbaren Zeichen sind:
Krebs, Skorpion, Fische
(also die Wasserabschnitte).

Die unfruchtbaren Zeichen sind:
Zwillinge und Jungfrau
(also die Zeichen des Merkur).

Nördliche Zeichen sind:
Widder, Stier, Zwillinge,
Krebs, Löwe, Jungfrau
(also die ersten sechs Tierkreisabschnitte).

Südliche Zeichen sind:
Waage, Skorpion, Schütze,
Steinbock, Wassermann, Fische
(also die letzten sechs Tierkreisabschnitte).

Zeichen mit schneller Aufsteigung (Ascension) sind:
(wichtig für den Aszendent, siehe Kapitel Häuser)
Steinbock, Wassermann, Fische,
Widder, Stier, Zwillinge
(also die Winter- und Frühlings-Zeichen).

Zeichen mit langsamer Aufsteigung (Ascension) sind:
Krebs, Löwe, Jungfrau,
Waage, Skorpion, Schütze
(also die Sommer- und Herbst-Zeichen).

Heftige Zeichen sind:
Widder, Skorpion, Steinbock, Wassermann.

Sanfte Zeichen sind:
Waage, Fische.

Als sogenannte besonders günstige Zeichen wurden eingestuft:
Widder, Zwillinge, Löwe,
Waage, Schütze, Wassermann
(also die »männlichen« Abschnitte).

Sogenannte besonders ungünstige Zeichen gab es nicht.

Redner-Zeichen sind:
Zwillinge, Jungfrau, Waage, Wassermann.

Jedes Zeichen bekam nun noch einen Herrscher zugeordnet. Heute würden wir besser davon sprechen, daß der »herrschende« Planet derjenige ist, der in dem entsprechenden Zeichen seine verwandte Kraft findet.

Tierkreisabschnitt:	**Herrscher:**
Widder	*Mars*
Stier	*Venus* als Morgenstern
Zwillinge	*Merkur* als Morgenstern
Krebs	*Mond*
Löwe	*Sonne*
Jungfrau	*Merkur* als Abendstern
Waage	*Venus* als Abendstern
Skorpion	*Pluto* (früher *Mars*)
Schütze	*Jupiter*
Steinbock	*Saturn*
Wassermann	*Uranus* (früher *Saturn*)
Fische	*Neptun* (früher *Jupiter*)

Das Symbol des Herrschers erscheint in der klassischen Astrologie auch als Symbol der *Würden*.

Der Gegensatz der *Würde* war die Vernichtung. Die *Vernichtung* eines Planeten war immer dann gegeben, wenn der Planet im Oppositionsabschnitt des Abschnittes stand, in dem er *Herrscher* war oder in *Würde* stand. Dies sah so aus:

Tierkreisabschnitt:	**Vernichtung für:**
Widder	*Venus* als Abendstern
Stier	*Pluto* (früher Mars)
Zwillinge	*Jupiter*
Krebs	*Saturn*
Löwe	*Uranus* (früher *Saturn*)
Jungfrau	*Neptun* (früher *Jupiter*)
Waage	*Mars*
Skorpion	*Venus* als Morgenstern
Schütze	*Merkur* als Morgenstern
Steinbock	*Mond*
Wassermann	*Sonne*
Fische	*Merkur* als Abendstern

Es gibt nun noch eine Einteilung der Planeten, wonach sie in »Erhöhung« oder im »Fall« stehen, aber dies ist seit der Entdeckung der Transsaturnier nicht mehr aktuell.

Auch ordnete man die Tierkreisabschnitte den menschlichen Körperregionen zu. Da das Jahr zu Beginn des Frühlings im Abschnitt Widder »geboren« wurde, der Mensch aber, bei einer gesunden Geburt, mit dem Kopf zuerst das Licht der Welt erblickt, wurde der menschliche Körper von Kopf bis zu den Füßen bildlich auf den Tierkreis übertragen. Und diese Übertragung hat sich in der Praxis bewährt.

Tierkreisabschnitt:	**Körperregionen und Funktionen:**
Widder	Kopf
Stier	Hals und Nacken
Zwillinge	Arme, Hände, Lungenspitzen
Krebs	Brust, Lunge, Magen
Löwe	Herz und Blutumlauf
Jungfrau	Eingeweide und die Verdauung
Waage	Nieren und das Kreuz
Skorpion	Geschlechts- und Ausscheidungsorgane, Unterleib
Schütze	Lenden, Oberschenkel, Hüfte
Steinbock	Kniee und Gelenke
Wassermann	Unterschenkel und Kreislauf
Fische	Füße und alle Feinempfindungen

Eine weitere Einteilung der Tierkreisabschnitte bezog sich allein auf den Kopf; dies geben wir der Kuriosität wegen wieder:

Tierkreisabschnitt:	**Kopfregion:**	**Gehirnfunktionen:**
Widder	Vorderkopf	Verstandeszentrum
Stier	Stirn über den Augen	Kunstsinn
Zwillinge	Nase, Oberlippe	Rednergabe
Krebs	Unterlippe bis Kinn	Fruchtbarkeitsdrang
Löwe	Kinn, oberer Hals	Festigkeit
Jungfrau	Kehlkopf, Speiseröhre	Ernährungssinn
Waage	Übergang zum Nacken	Gleichgewicht, aufrechter Gang
Skorpion	Kleinhirn	Begierden, Trieb
Schütze	mittlerer und unterer Hinterkopf	Freiheitsgefühl und Wille
Steinbock	Oberer Hinterkopf	Selbstzucht
Wassermann	Kopfhöhe	Idealismus, Streben
Fische	obere Stirn	Wohlwollen, Hingabe

Logischer erscheint die Einteilung in Beziehung zu den Bewußtseinszuständen der Menschen:

Tierkreisabschnitt:	**Bewußtseinszustände:**
Widder	Sehen, Insvisiernehmen, Kampfesmut
Stier	Gehör, Natursinn, Sicherungsdrang
Zwillinge	Geruch, Intellekt, Sprechen
Krebs	Geschmack, Geduld, Sorgebedürfnis
Löwe	Tatkraft, Autoritätsverhalten
Jungfrau	Nervenreaktion, Fleiß, Kritik
Waage	Empfinden, Gefühl, Schönheitssinn
Skorpion	Moral, Todesbeziehung, Gedankenübertragung
Schütze	Telepathie, Lehren, Gesetzestreue
Steinbock	Zeitablauf, Ordnung, Einsamkeitsbedürfnis
Wassermann	Intuition, Okkultismus, Neuerungsideen
Fische	Sich wandeln, Schauspielerei, Religion, Instinkt

Die Tierkreisabschnitte wurden auch in Beziehung zu den Lebensjahren gesetzt:

Tierkreisabschnitt:	**Lebensjahre** (nicht identisch mit dem Alter):
Widder	00–06 Wachstum, Formung
Stier	07–13 Schulzeit
Zwillinge	14–20 Lehrzeit
Krebs	21–27 Selbstbewährung bis Heirat
Löwe	28–34 Machterreichung, Ansehensperiode
Jungfrau	35–41 Arbeitserfüllung
Waage	42–48 Erkenntnisse, Ausgleichssehnsucht
Skorpion	49–55 Verlusterfahrungen
Schütze	56–62 Weisheit
Steinbock	63–69 Angehen der letzten Aufgaben
Wassermann	70–76 Übergabe der Pflichten, Ruhebeginn
Fische	77–84 Abschiedsdenken, Zurückziehen

Interessant und auch aufschlußreich sind die Beziehungen der Tierkreisabschnitte zu den möglichen Chancen und Gefahren:

Tierkreisabschnitt:	**Chancen:**	**Gefahren:**
Widder	Sieg	Feinde
Stier	Besitz	Verluste
Zwillinge	Anerkennung	Alltagsstreß
Krebs	Wachstum	Abseitsstellung
Löwe	Ansehen, Führung	Hochmut, Angabe
Jungfrau	Voraussicht	Neid, Ungerechtigkeit
Waage	Kunst, Diplomatie	Verführung
Skorpion	Selbstbehauptung	Leidenschaften
Schütze	Missionen	Erziehungswahn
Steinbock	Zielerreichung	Selbstgerechtigkeit
Wassermann	Reformen	Illusionen
Fische	All-Liebe	Selbstaufgabe

Soweit die Haupteinteilungen, die man mit den Tierkreisabschnitten vornahm. Manche haben sich bewährt, manche weniger, andere sind wiederum zu banal, um stete Gültigkeit beanspruchen zu können. Mit diesen Einteilungen allein ist es jedoch nicht getan, es kommt auf die Intuition der Kombination an.

Seit Ptolemäus gibt es noch eine andere wichtige Einteilung, nämlich die der *Planetenführer*. Hierbei scheiden Sonne und Mond (die Lichter) aus. Als alte Planetenführer galten Jupiter, Venus, Merkur, Mars und Saturn. So gehören jeweils sechs Grade eines Zeichens zu einem der Planetenführer. Diese wären:

01 bis 06 Grad – Planetenführer: *Jupiter*
07 bis 12 Grad – Planetenführer: *Venus*
13 bis 18 Grad – Planetenführer: *Merkur*
19 bis 24 Grad – Planetenführer: *Mars*
25 bis 30 Grad – Planetenführer: *Saturn*

Eine bessere Einteilung geben in der Praxis die Dekan-»Herrscher«. Jeder Tierkreisabschnitt zu 30 Grad wurde seit altersher in drei Dekaden zu je 10 Grad eingeteilt.

Also: Von 00 bis 10 / von 10 bis 20 / und 20 bis 30 Grad. Die Dekan-Herrscher sind die Planeten, die im gleichen Element auch je in einem Zeichen in »Würde« stehen.

Im *Feuerelement* herrschen:
Mars (Widder), Sonne (Löwe), Jupiter (Schütze).

Im *Erdelement* herrschen:
Venus als Morgenstern (Stier), Merkur als Abendstern (Jungfrau), und Saturn (Steinbock).

Im *Luftelement* herrschen:
Merkur als Morgenstern (Zwillinge), Venus als Abendstern (Waage) und Uranus (Wassermann).

Im *Wasserelement* herrschen:
Mond (Krebs), Pluto (Skorpion), Neptun (Fische).

Die Dekan-Herrscher seien hier nun einzeln aufgeführt.

Widder:
1. Dekade: Mars
2. Dekade: Sonne
3. Dekade Jupiter

Stier:
1. Dekade: Venus als Morgenstern
2. Dekade: Merkur als Abendstern
3. Dekade: Saturn

Zwillinge:
1. Dekade: Merkur als Morgenstern
2. Dekade: Venus als Abendstern
3. Dekade: Uranus

Krebs:
1. Dekade: Mond
2. Dekade: Pluto
3. Dekade: Neptun

Löwe:
1. Dekade: Sonne
2. Dekade: Jupiter
3. Dekade: Mars

Jungfrau:
1. Dekade: Merkur als Abendstern
2. Dekade: Saturn
3. Dekade: Venus als Morgenstern

Waage:
1. Dekade: Venus als Abendstern
2. Dekade: Uranus
3. Dekade: Merkur als Morgenstern

Skorpion:
1. Dekade: Pluto
2. Dekade: Neptun
3. Dekade: Mond

Schütze:
1. Dekade: Jupiter
2. Dekade: Mars
3. Dekade: Sonne

Steinbock:
1. Dekade: Saturn
2. Dekade: Venus als Morgenstern
3. Dekade: Merkur als Abendstern

Wassermann:
1. Dekade: Uranus
2. Dekade: Merkur als Morgenstern
3. Dekade: Venus als Abendstern

Fische:
1. Dekade: Neptun
2. Dekade: Mond
3. Dekade: Pluto

Die einzelnen Tierkreisabschnitte oder Zeichen

Die Aussagen der Zeichen oder Tierkreisabschnitte sind durch Beobachtungen und Vergleiche entstanden, die sich allein auf die nördliche Erdhalbkugel beziehen. Stets war feststellbar, daß der Gang der Sonne durch die einzelnen Abschnitte Veränderungen in der Natur mit sich brachte. Diese Veränderungen der Natur wirkten sich auf die Menschen aus. Noch heute erlebt man, wie sehr sich die meisten Menschen über den Frühling freuen, besonders den Wonnemonat Mai lieben, wie sehr sie auch hoffen, daß der Winter endlich vorübergeht. Der Mensch nahm sich früher nie vom Naturgeschehen aus, er fühlte sich in den Kosmos eingebunden, das heißt in unser Sonnensystem.

Im Laufe der astrologischen Geschichte und Entwicklung wurden dann die Beobachtungen nicht nur registriert, sondern auch in Symbole gefaßt, so daß man zu allgemeinen Aussagen kam, die bis heute ihre Gültigkeit nicht verloren haben.

Das Problem war (und ist) nur, daß die *vordergründige* Astrologie sich immer nur auf den *Sonnenstand* bezieht. Sie wird daher auch von den Astrologen nur als *Sonnenstands-Astrologie* bezeichnet.

Wie wir aber schon wissen, spiegelt die Astrologie nicht nur die Kraft wider, die die Sonne symbolisiert, sondern noch weitere neun Kräfte. Auch diese Planeten, die die anderen Kräfte symbolisieren, färben sich, mit ihrem Stand in den einzelnen Abschnitten, so daß es in einem Geburtsbild zu widersprüchlichen, ja entgegengesetzten Färbungen kommen kann, die sich mit dem Sonnenstand allein nicht erfassen lassen. Die Beschreibung der einzelnen Abschnitte gilt also für alle Planeten, wenn sie jeweils in diesem Zeichen stehen. So erscheint die Venus im Abschnitt Widder sicher kämpferischer als im Abschnitt Waage.

Die Tierkreis-Färbungen kann man als das A und O der Horoskopdeutung bezeichnen. Ohne diese Berücksichtigung geht nichts.

Als im November 1984 der Neptun in den Tierkreisabschnitt Steinbock wandelte, machte ein Wort die Runde, das lautete: »Der Neptun weicht den Steinbock auf!«

Die Erfahrung sprach dagegen, die Praxis auch.

Es sind allein die *Tierkreisabschnitte*, die die Färbung variieren. Am Lauf der Sonne ist dies ganz deutlich. Steht die Sonne im Abschnitt Steinbock, kann es keine sommerliche Hitze geben. Ebenso ist kein dauernder Schneefall zu registrieren, während die Sonne im Abschnitt Löwe steht.

Die Planeten verändern sich (und zwar jeder, am wenigsten der

Merkur) mit dem Wechsel in ein anderes Zeichen, in einen anderen Tierkreisabschnitt. Saturn ist eben nicht gleich Saturn, auch wenn immer wieder manche astrologisch Interessierten von *ihrem* Schicksalsplaneten sprechen, und meinen, dies müßte jeder verstehen. Am besten wäre es, stets Planet und Tierkreiszeichen gleichzeitig zu nennen, wenn über eine Konstellation gesprochen wird. Es sollte also heißen: »Mein Saturn in Waage«. Oder: »Der Jupiter meines Vaters in Schütze«. Oder: »Meine Venus als Abendstern in Stier«. Und dies ist ganz besonders beim Mond notwendig, da dieser ja nur etwas über zwei Tage in einem Zeichen wandelt, während Pluto ja weit über 30 Jahre in einem Tierkreisabschnitt verweilen kann. Wird dies von Anfang an beachtet, sind schon sehr viele Kombinationsschwierigkeiten beiseite geräumt.

Widder ♈

Sonnenstand:	In der Regel vom 20. März bis zum 20. April
Jahreszeit:	*Erstes* Frühlingszeichen
Motorik:	Bewegend
Element:	Feuer
Planet:	Mars, der hier in seinem Element ist
Motto:	Ich will
Sein:	Ungestümer Lebenskern
Motivierung:	Aufbruch
Handlungstrend:	Aktivität, Erfolgswille, Egozentrik, Tatendrang, Feindschaften werden nicht gescheut, denn »viel Feind, viel Ehr«. Ungestümer Grundcharakter
Sonne im Abschnitt Widder:	Führungsanspruch, Willensenergie, Wagnis, Lebenskraft
Mond im Abschnitt Widder:	Kampfbereitschaft der Seele, Zivilcourage, Wagnis

Merkur im Abschnitt Widder:	Verstandesschärfe, Streitlust, Aggressivität
Venus im Abschnitt Widder:	Zupackende Erotik, leidenschaftliches Gefühl, Eifersucht
Mars im Abschnitt Widder:	Energieüberschuß, Siegeswille, Selbstbewußtsein, Mut
Jupiter im Abschnitt Widder:	Einsatz für Ideale, Gerechtigkeitsanspruch, Rittertum
Saturn im Abschnitt Widder:	Harter Ehrgeiz, geballte Konzentration, Traditionsmut
Uranus im Abschnitt Widder:	Erneuerungswunsch, ungestüme Intuition, Revolution
Neptun im Abschnitt Widder:	Eigenwilligkeit der Inspiration, Kampfinstinkt
Pluto im Abschnitt Widder:	Unbedingter Machtanspruch, Gier, Überschätzung
Allgemeine Stärken:	Ritterlichkeit, Einsatzbereitschaft, Mut zum Neuen, Vorbild geben, Aufopferung, steter Siegeswille
Allgemeine Schwächen:	Unbeugsamkeit, Trotz in der Niederlage, Uneinsichtigkeit, Eigenhärte bis zur Selbstschädigung
Größte Gefahr:	Ich-Verschleuderung
Aufgabe:	Anführen, Beginnen, Starten, den entscheidenden Schritt wagen, zur Spitze wollen

Stier ♉

Sonnenstand:	In der Regel vom 20. April bis zum 21. Mai
Jahreszeit:	*Zweites* Frühlingszeichen
Motorik:	Fest
Element:	Erde

Planet:	Venus als Morgenstern, die hier in ihrem Element ist
Motto:	Ich fühle
Sein:	Beharrlicher Lebenskern
Motivierung:	Sicherung
Handlungstrend:	Realitätssinn, Lebensfreude und Genuß-, Kunstliebe, Sturheit bei Prinzipienreiterei, denn »Leben lassen ja, aber nicht über meinem Kopf«, Sich-treu-bleiben
Sonne im Abschnitt Stier:	Ausdauer, Freude am Genuß, Eigensinn, Lebenssicherung
Mond im Abschnitt Stier:	Kunstfreude, Sehnsucht der Seele nach Sicherheit
Merkur im Abschnitt Stier:	Ruhiges Handeln, Unnachgiebigkeit, materielles Denken
Venus im Abschnitt Stier:	Sinnenfreude, Freundlichkeit, Kunstliebe, Naturliebe
Mars im Abschnitt Stier:	Sicherheitseinsatz, erotischer Antrieb, zäher Wille
Jupiter im Abschnitt Stier:	Materielle Ideale, Großmut in moralischen Grenzen
Saturn im Abschnitt Stier:	Neigung zum Geiz, Besitzwille, Sparsamkeit der Liebe
Uranus im Abschnitt Stier:	Wagemut in Liebe und beim Genuß, Spekulationen
Neptun im Abschnitt Stier:	Instinkt für Erotik, künstlerische Inspiration
Pluto im Abschnitt Stier:	Anstreben von Kapitalmacht, übersteigerte Gefühle
Allgemeine Stärken:	Ausdauer, Sicherung, Lebensgenuß, Freundlichkeit, Naturliebe, Verläßlichkeit, Diplomatie, Festigkeit

Allgemeine Schwächen:	Ausleben, Sturheit, Prinzipienreiterei, Genußfreude auf Kosten anderer, blinder Zorn bis zum Amoklauf
Größte Gefahr:	Beschränkung der Ich-Entwicklung
Aufgabe:	Sicherung des Wachstums, Erhaltung der Natur, Vorsorge, Kunstausübung, Lebensfreude schaffen

Zwillinge ♊

Sonnenstand:	In der Regel vom 21. Mai bis zum 21. Juni
Jahreszeit:	*Drittes* Frühlingszeichen
Motorik:	Angleichend
Element:	Luft
Planet:	Merkur als Morgenstern, der hier in seinem Element ist
Motto:	Ich bin bereit
Sein:	Beschwingter Lebenskern
Motivierung:	Begegnung
Handlungstrend:	Aufgeschlossenheit, journalistische Aufnahmefähigkeit, Entdeckungsfreude, Reisen, Erleben, denn das Leben ist viel zu kurz, um alles aufzunehmen.
Sonne im Abschnitt Zwillinge:	Beweglichkeit, Veränderungsliebe, Freundlichkeit
Mond im Abschnitt Zwillinge:	Beschwingte Seele, Einsamkeitsangst, Freundschaften
Merkur im Abschnitt Zwillinge:	Geschicklichkeit, Rednertalent, Gier nach Neuem
Venus im Abschnitt Zwillinge:	Liebenswürdigkeit, Reden über Gefühle, Kunstinteresse

Mars im Abschnitt Zwillinge:	Schärfe und Schnelligkeit in Sprache und Handlung
Jupiter im Abschnitt Zwillinge:	Intellektuelle Entfaltung, Wachheit, Freiheitssinn
Saturn im Abschnitt Zwillinge:	Literaturinteresse, Zähigkeit des Denkens und Handelns
Uranus im Abschnitt Zwillinge:	Sensationsliebe, Schlagfertigkeit, gute Intuition
Neptun im Abschnitt Zwillinge:	Kommunikationsinstinkt, nebelhafte Ideen, Unklarheit
Pluto im Abschnitt Zwillinge:	Massengeist, Agitation, Propaganda, Showwirkung
Allgemeine Stärken:	Schnelligkeit, Anpassungs- und Handlungsfreude, Fleiß, Wachheit, freundliches Wesen, lachen können
Allgemeine Schwächen:	Nervosität, Ungeduld, Hast, Eile, Vergeßlichkeit, Zersplitterung, alles wissen wollen, Unruhe
Größte Gefahr:	Zu realbezogen
Aufgabe:	Begegnungen vermitteln, Bindungen stärken, Zusammenführungen, Gegensätze erkennen und ausgleichen

Krebs ♋

Sonnenstand:	In der Regel vom 21. Juni bis zum 23. Juli
Jahreszeit:	*Erstes* Sommerzeichen
Motorik:	Bewegend
Element:	Wasser
Planet:	Mond, der hier in seinem Element ist
Motto:	Ich empfinde
Sein:	Einfühlender Lebenskern

Motivierung:	Wachstum
Handlungstrend:	Schöpferische Aufgaben, Heimliebe, Mütterlichkeit, Gemütsglück, eigener Lebenskreis, Hilfsbereitschaft, Zurückhaltung, denn ihre Seele ist empfindlich.
Sonne im Abschnitt Krebs:	Phantasie, Schöpferkraft, Innenschau, Seelenbetonung
Mond im Abschnitt Krebs:	Familiensinn, Mutterliebe, Sensitivität, Okkultismus
Merkur im Abschnitt Krebs:	Traumbeziehung, Ahnungskraft, zähes Handeln
Venus im Abschnitt Krebs:	Gefühlsbindung, Musikliebe (Volkslieder), Weichheit
Mars im Abschnitt Krebs:	Schöpferische Energie, Beschützertrieb, Verführbarkeit
Jupiter im Abschnitt Krebs:	Hilfsbereitschaft, innere Sinnsuche, Wachstumshilfe
Saturn im Abschnitt Krebs:	Mütterliche Härte, Verantwortungsbereitschaft
Uranus im Abschnitt Krebs:	Neue Förderungspläne, schöpferische Intuition
Neptun im Abschnitt Krebs:	Wachstumsinstinkt, Kinderliebe, Inspirationsgaben
Pluto im Abschnitt Krebs:	Generationskonflikte, konservative Grundeinstellung
Allgemeine Stärken:	Schöpferkraft, Hilfsbereitschaft, Zähigkeit, Seelenbeziehung, Heimattreue, Anhänglichkeit
Allgemeine Schwächen:	Empfindlichkeit, Ich-Beziehung, Zweifel an sich selbst, Angst, Krafterschöpfung, Weichheit
Größte Gefahr:	Nicht hart genug gegen sich selbst

Aufgaben:	Wachstum fördern und reifen lassen, Beistand geben, Seelenwelten vermitteln, Psychologie ausüben

Löwe ♌

Sonnenstand:	In der Regel vom 23. Juli bis zum 23. August
Jahreszeit:	*Zweites* Sommerzeichen
Motorik:	Fest
Element:	Feuer
Planet:	Sonne, die hier in ihrem Element ist
Motto:	Ich bin
Sein:	Großzügiger Lebenskern
Motivierung:	Reife
Handlungstrend:	Führung, Autorität, Vaterschaft, Mittelpunktsgefühl, Ausstrahlung, Gestaltungskraft, Menschenliebe, aber nur, wenn es nach dem eigenen Kopf geht.
Sonne im Abschnitt Löwe:	Selbstbewußtes Handeln, Chefpositionen anstrebend
Mond im Abschnitt Löwe:	Unabhängigkeitsliebe, Stolz, Freude am Luxus
Merkur im Abschnitt Löwe:	Organisations- und Delegationstalent, Autoritätsgehabe
Venus im Abschnitt Löwe:	Feuriges, stolzes Gefühl, Leidenschaftlichkeit
Mars im Abschnitt Löwe:	Kühnheit, Großzügigkeit, autoritärer Antrieb und Wille
Jupiter im Abschnitt Löwe:	Hochgefühl, Förderungskraft, Starke Entfaltung

Saturn im Abschnitt Löwe:	Zähigkeit, Festhalten an Werten, Konservatismus
Uranus im Abschnitt Löwe:	Autoritäres Durchsetzen neuer Ideen, feurige Intuition
Neptun im Abschnitt Löwe:	Inspirationsreichtum, feuriger Machtinstinkt
Pluto im Abschnitt Löwe:	Hang zum absoluten Herrschen, Unduldsamkeit, Egoismus
Allgemeine Stärken:	Kraft, Förderungs- und Führungswille, Einstehen für Menschen und Ideen, Mut und Autorität
Allgemeine Schwächen:	Absolutismus, Hochmut, Befehlston, Selbstüberschätzung, Luxus, Verschwendung, Ungeduld, Unduldsamkeit
Größte Gefahr:	Überschätzung der eigenen Person
Aufgaben:	Führen, Reife fördern, Väterlichkeit, Schutz gewähren, Einsatz für die Minderheiten, Güte

Jungfrau ♍

Sonnenstand:	In der Regel vom 23. August bis zum 23. September
Jahreszeit:	*Drittes* Sommerzeichen
Motorik:	Angleichend
Element:	Erde
Planet:	Merkur als Abendstern, der hier in seinem Element ist
Motto:	Ich denke nach und voraus
Sein:	Vernünftiger Lebenskern
Motivierung:	Ernte

Handlungstrend:	Fleiß, Vorsorge, Philosophie, das Bewährte hüten, Analyse, Kritik, Maßhalten, Risiken meiden, denn es kommt alles anders als man denkt.
Sonne im Abschnitt Jungfrau:	Pflichtbewußtsein, Zuverlässigkeit, Denkkraft, Kritik
Mond im Abschnitt Jungfrau:	Real eingestelltes Unterbewußtsein, Mißtrauen
Merkur im Abschnitt Jungfrau:	Fleiß, Klugheit, scharfer Verstand, Vielseitigkeit
Venus im Abschnitt Jungfrau:	Erdverbundene Gefühlswelt, realbezogene Liebe
Mars im Abschnitt Jungfrau:	Realer Ehrgeiz, überlegter Wille, rationeller Drang
Jupiter im Abschnitt Jungfrau:	Vernünftige Entfaltung, Berechenbarkeit, Klugheit
Saturn im Abschnitt Jungfrau:	Nüchternheit, Vorsicht, Wartenkönnen
Uranus im Abschnitt Jungfrau:	Kluge Intuition, Planungsbegabung, Hellhörigkeit
Neptun im Abschnitt Jungfrau:	Instinktsicheres Handeln, Erahnen der Möglichkeiten
Pluto im Abschnitt Jungfrau:	Überlegte Durchsetzung, früh Verbündete ausmachen
Allgemeine Stärken:	Einsatzbereitschaft, vorbildliches Arbeiten, Umsicht, Vorsorge, Zuverlässigkeit, Pünktlichkeit
Allgemeine Schwächen:	Neid, Geiz, Berechnung, Realitäten überschätzen, Pessimismus, Skeptizismus, mangelnde Lebensfreude
Größte Gefahr:	Nicht über den eigenen Horizont schauen zu können

Aufgaben:	Vorsorge treffen, Ernte einbringen und hegen, den Lebensablauf vernünftig steuern, Illusionen erkennen

Waage ♎

Sonnenstand:	In der Regel vom 23. September bis zum 23. Oktober
Jahreszeit:	*Erstes* Herbstzeichen
Motorik:	Bewegend
Element:	Luft
Planet:	Venus als Abendstern, die hier in ihrem Element ist
Motto:	Ich liebe
Sein:	Verbindender Lebenskern
Motivierung:	Ausgleich
Handlungstrend:	Schönheit, Eleganz, Gemeinschaft, Bindung, Diplomatie, Lebensfreude, Liebe, Wärme, Verstehen, denn das Leben ist doch wunderbar!
Sonne im Abschnitt Waage:	Diplomatie, Du-Hinwendung, Kunstsehnsucht, Liebe
Mond im Abschnitt Waage:	Freundlichkeit, Gefühlsbetonung, Zärtlichkeitswünsche
Merkur im Abschnitt Waage:	Kunsthandel, geschicktes Verständnis, Nettigkeit
Venus im Abschnitt Waage:	Taktgefühl, Erotik, Gemeinschaftssinn, Kunsttalent
Mars im Abschnitt Waage:	Gefühlstrieb, Sinnenfreude, Ausgleichssehnsucht
Jupiter im Abschnitt Waage:	Kunstförderung, Gerechtigkeitsentfaltung, Verstehen

Saturn im Abschnitt Waage:	Beharrliche Partnerbindung, Vertrauen, Verzeihen
Uranus im Abschnitt Waage:	Künstlerische Intuition, wechselnde Partnerbindungen
Neptun im Abschnitt Waage:	Partnerschaftsinstinkt, All-Liebe, Harmoniesehnsucht
Pluto im Abschnitt Waage:	Kollektivsinn, Berühmtheitswahn, Intrigengefahr
Allgemeine Stärken:	Verbindlichkeit, Fürsorge, Verstehen, Diplomatie, Kunstfreude, Gemeinschaftssinn, Menschlichkeit
Allgemeine Schwächen:	Wankelmut, sich in der Liebe verlieren, Überschätzen von Äußerlichkeiten, Modetick, Snobismus
Größte Gefahr:	Sich in der eigenen Glückseligkeit verlieren
Aufgaben:	Verbindungen schaffen und pflegen, Kunstförderung, Wärme schenken, Lebensfreude ausstrahlen

Skorpion ♏

Sonnenstand:	In der Regel vom 23. Oktober bis zum 23. November
Jahreszeit:	*Zweites* Herbstzeichen
Motorik:	Fest
Element:	Wasser
Planet:	Pluto und Mars, die hier in ihrem Element sind
Motto:	Ich lebe in Gefahr
Sein:	Leidenschaftlicher Lebenskern
Motivierung:	Selbstbehauptung

Handlungstrend:	Das Leben ausfüllen, Erkennen, das Dunkle durchschauen, Forschen, Geheimnisse erhellen, Krisen bestehen, da das Leben zu kurz und zu gefährlich ist.
Sonne im Abschnitt Skorpion:	Leidenschaftlichkeit, Überlebenswille, Härte
Mond im Abschnitt Skorpion:	Verletzbarkeit, Unsicherheit, Todeswissen
Merkur im Abschnitt Skorpion:	Forschung, Hartnäckigkeit, um die Ecke denken
Venus im Abschnitt Skorpion:	Liebeshektik, Sinnengier, Eifersucht, Wildheit
Mars im Abschnitt Skorpion:	Überhöhter Lebenstrieb, Ehrgeiz, Selbstschädigung
Jupiter im Abschnitt Skorpion:	Expansive Entfaltungskraft, Selbstgerechtigkeit
Saturn im Abschnitt Skorpion:	Hartnäckigkeit, Unnachgiebigkeit, Todestrieb
Uranus im Abschnitt Skorpion:	Intuitive, tiefe Erkenntnisgabe, Entschlußkraft
Neptun im Abschnitt Skorpion:	Lebensinstinkt, Dekadenzgefahr, Suchtgefährdung
Pluto im Abschnitt Skorpion:	Explosion von Kräften, Wagemut, Liebeskraft
Allgemeine Stärken:	Furchtlosigkeit, Engagiertsein, zähe Regenerationskraft, Einsatz für Freunde und Familie
Allgemeine Schwächen:	Pessimismus, sich gehen lassen, Hang zur Süchtigkeit, Beleidigtsein, nicht vergessen können
Größte Gefahr:	Sich selbst als Nabel der Welt sehen

Aufgaben:	Mut für andere entwickeln, der Gefahr ins Gesicht schauen, bei aller Last das Leben lieben, Einsatz

Schütze ♐

Sonnenstand:	In der Regel vom 23. November bis zum 21. Dezember
Jahreszeit:	*Drittes* Herbstzeichen
Motorik:	Angleichend
Element:	Feuer
Planet:	Jupiter, der hier in seinem Element ist
Motto:	Ich führe
Sein:	Sinnvoller Lebenskern
Motivierung:	Erwartung
Handlungstrend:	Sinnsuche, Wissensdurst, Führungsanspruch, Glaubenswille, Gerechtigkeit, Entfaltungswünsche, Eifer im Streben, denn man muß höher zielen als man zu treffen vermag.
Sonne im Abschnitt Schütze:	Einsatzbereitschaft, Horizonterweiterung, Glauben
Mond im Abschnitt Schütze:	Mensch- und Tierliebe, Gerechtigkeitserwartung
Merkur im Abschnitt Schütze:	Sinnvolles Handeln und Denken, Verantwortung tragen
Venus im Abschnitt Schütze:	Moralische Gefühlshoffnungen bei allem inneren Feuer
Mars im Abschnitt Schütze:	Führungswille, Kampf für Moral, Sitte und Ausgleich
Jupiter im Abschnitt Schütze:	Glaubenshoffnung, Kraft, hohe Zielerwartung

Saturn im Abschnitt Schütze:	Tiefe Ehrlichkeit, philosophische Weltbetrachtung
Uranus im Abschnitt Schütze:	Technische Entfaltungslust, Erfindungsreichtum
Neptun im Abschnitt Schütze:	Inspiration für Esoterik und Übersinnliches
Pluto im Abschnitt Schütze:	Glaubensdogma, Macht der Lehre bedeutet mehr als der Mensch
Allgemeine Stärken:	Ideale Grundeinstellung, Einsatzbereitschaft, Entfaltungstrieb, Führungsverantwortung, Glaube
Allgemeine Schwächen:	Hochmut, Dünkeltum, Unbelehrbarkeit, einer Lehre Vorrang geben, Eitelkeit, Selbstbeweihräucherung
Größte Gefahr:	Begründung: »Wo gehobelt wird, fallen Späne!«
Aufgaben:	Einsatz für Gerechtigkeit, Sinnsuche fördern, Sinngehalt verteidigen, Glaubensmission, Weisheit

Steinbock ♑

Sonnenstand:	In der Regel vom 21. Dezember bis zum 21. Januar
Jahreszeit:	*Erstes* Winterzeichen
Motorik:	Bewegend
Element:	Erde
Planet:	Saturn, der hier in seinem Element ist
Motto:	Ich prüfe
Sein:	Eigensinniger Lebenskern
Motivierung:	Anstrengung

Handlungstrend:	Gründlichkeit, Konzentration, Vorbereitung, Abschätzung, Verwurzelung, Wissen um die Risiken, Gründlichkeit, denn »so nebenbei« erreicht man nichts
Sonne im Abschnitt Steinbock:	Zurückhaltung, Realehrgeiz, beharrlicher Einsatz
Mond im Abschnitt Steinbock:	Geduld, Unabhängigkeitsdrang, tief verwurzelter Fleiß
Merkur im Abschnitt Steinbock:	Warten können, Überlegtheit, Pokerkraft, Ruhe
Venus im Abschnitt Steinbock:	Zähes Gefühl, Treue, Beständigkeit, Vitalität
Mars im Abschnitt Steinbock:	Ehrgeizwille, zäher Antrieb und Drang, Kraft
Jupiter im Abschnitt Steinbock:	Klar abgegrenzte Entfaltung, zielbewußte Karriere
Saturn im Abschnitt Steinbock:	Steht wie ein Fels im Sturm, Unbeirrbarkeit
Uranus im Abschnitt Steinbock:	Wettbewerbsintuition, Konzentration der Einfälle
Neptun im Abschnitt Steinbock:	Ehrgeizinstinkt, Inspiration für das Mögliche
Pluto im Abschnitt Steinbock:	Reales Machtbedürfnis, tyrannische Eigenheiten
Allgemeine Stärken:	Geduld, Beharrlichkeit, tiefverwurzeltes Vertrauen, Verlaß auf sich selbst, Hindernisüberwindung
Allgemeine Schwächen:	Kargheit, Geiz, Vorverurteilungen, Strenge, Rachegefühle, Nachträglichkeit, Starrheit
Größte Gefahr:	Nicht verzeihen und vergeben können

Aufgaben:	Durchhaltevermögen, Vertrauen in die Zukunft, Stütze sein, Emotionsbeherrschung, Erhaltungskraft

Wassermann ≈

Sonnenstand:	In der Regel vom 21. Januar bis zum 19. Februar
Jahreszeit:	*Zweites* Winterzeichen
Motorik:	Fest
Element:	Luft
Planet:	Uranus, der hier in seinem Element ist
Motto:	Ich hoffe
Sein:	Geistiger Lebenskern
Motivierung:	Beschwingtheit
Handlungstrend:	Intuitiv, große Pläne, Abwechslung, Technik und Magie, Ungebundenheit, Reformfreudigkeit, Seiltänzerei, denn jeder lebt nahe dem Abgrund.
Sonne im Abschnitt Wassermann:	Exzentrik, Erfindertum, Erneuerung, Intuition
Mond im Abschnitt Wassermann:	Suchende Grundeinstellung, esoterisches Interesse
Merkur im Abschnitt Wassermann:	Wachheit, psychologisches Denken, vorurteilsfrei sein
Venus im Abschnitt Wassermann:	Wagnis der Gefühle, wechselnde Liebe, Abenteuer
Mars im Abschnitt Wassermann:	Erfinderantrieb, Reformwille, Reizbarkeit
Jupiter im Abschnitt Wassermann:	Wissenschaftlichkeit, soziale Entfaltung, Träume

Saturn im Abschnitt Wassermann:	Aufgabe von Verkrustungen, Traditionsreformen
Uranus im Abschnitt Wassermann:	Technische Aufgeschlossenheit, Psychologiewissen
Neptun im Abschnitt Wassermann:	Sensibilität, Trauminspiration, Reforminstinkt
Pluto im Abschnitt Wassermann:	Diktatur des Geistes, soziales Machtstreben
Allgemeine Stärken:	Aufgeschlossenheit, Intuition, Reformfreudigkeit, Griff nach den Sternen, Traumverwirklichung
Allgemeine Schwächen:	Gaukelei, Jahrmarktswirkung, Bluff, zu wechselhafte Grundeinstellung, Unzuverlässigkeit
Größte Gefahr:	Alles in Frage stellen, nur sich selbst nicht
Aufgaben:	Hohe Ziele anvisieren, Wunder vollbringen, das Unmögliche möglich machen, Menschheitsliebe

Fische ♓

Sonnenstand:	In der Regel vom 19. Februar bis zum 20. März
Jahreszeit:	*Drittes* Winterzeichen
Motorik:	Angleichend
Element:	Wasser
Planet:	Neptun, der hier in seinem Element ist
Motto:	Ich glaube
Sein:	Hingebender Lebenskern
Motivierung:	Wandlung

Handlungstrend:	Verstehen, Eingebettetsein, Wärme, Kunst, Hoffnung, Bereitschaft, sich anzupassen, Rollenspiel, Liebessehnsucht, denn Liebe vermag alles zu kitten.
Sonne im Abschnitt Fische:	Hingabe, Harmoniebedürfnis, Schauspielerei, Fantasie
Mond im Abschnitt Fische:	Sensitivität, starkes Gemütsleben, Beeinflußbarkeit
Merkur im Abschnitt Fische:	Instinktives Handeln, träumendes Denken, Sehnsüchte
Venus im Abschnitt Fische:	Zärtlichkeitsexzesse, Hingebungsdrang, Kunsttalente
Mars im Abschnitt Fische:	Emotionelle Energie, wechselnde Tatkraft und Energie
Jupiter im Abschnitt Fische:	Schöpferische Kunstbegabung, Missionseinsatz, Güte
Saturn im Abschnitt Fische:	Ernsthafte Gefühlsbindung, Glaubensverwurzelung
Uranus im Abschnitt Fische:	Hilfsbereitschaft, okkulte Einfallskraft, Esoterik
Neptun im Abschnitt Fische:	Hohes Ahnungsvermögen, Hellsichtigkeit, Instinktkraft
Pluto im Abschnitt Fische:	Masseninstinkt, Massenpsychologie, Public Relation
Allgemeine Stärken:	Glauben, Hingabe, Wandlungsbereitschaft, Kunstsinn, Weichheit, Verständnis, Liebesharmonie
Allgemeine Schwächen:	Zu große Weichheit, Verstellungskunst, Süchte, Irrealität, auftürmende Fantasie, Schwelgerei

Größte Gefahr:	Sich verlieren als letzten Ausweg sehen
Aufgaben:	Hoffnung bringen, Mitleid, Hilfsbereitschaft, Liebe und Glauben, Hingabe, Kunsterlebnisse

Planeten im Tierkreis

So weit der Gang durch den Tierkreis, den scheinbaren Sonnenweg. Denn von der Erde schaut es nun einmal so aus, als umkreise die Sonne unseren »blauen« Planeten (blau deswegen, weil zwei Drittel der Erde Wasserflächen sind, die die Erde überwiegend blau erscheinen lassen). Astrologie kommt allein von der Anschauung her, vom Sehen, die Erde war (und wird immer sein) der Mittelpunkt oder der Ausgangspunkt der Deutung.

Selbstverständlich wissen auch die Astrologen, die weder Abergläubige noch Dummköpfe sind, daß sich die Erde um die Sonne bewegt.

Betrachten wir ein Horoskopformular, so symbolisiert das Kreuz im mittleren Kreis im Grunde die oder den Horoskopeigner. Hier hat er seinen Standpunkt zur Himmelsbeobachtung, um zu sehen, wie die Gestirne und die erwähnten rechnerischen Punkte zur Zeit der Geburt oder eines Ereignisses standen. Von hier schaut der Deuter, sinnbildlich, in alle vier Himmelsrichtungen, nach Osten, Süden, Westen und Norden. Dieser Blick den Kreis entlang schärft und weckt die Intuition.

Es kommt also darauf an, sich diese Schauung sofort anzueignen und möglichst nicht mehr von ihr abzulassen.

Wir haben im Formular eine rechnerische Einteilung von 00 bis 360, wobei 00 und 360 identisch sind. Diese rechnerische Einteilung ist in jeweils 30 Grad angegeben. Die großen Teilstriche symbolisieren immer zehn, die kleinen fünf Grad.

Neben den grafischen Zeichen für das jeweilige Tierkreiszeichen sind auch die Planeten eingezeichnet, die wir die »Herrscher« nannten. Das sind die Planeten, die hier ihre »Würde« haben oder in

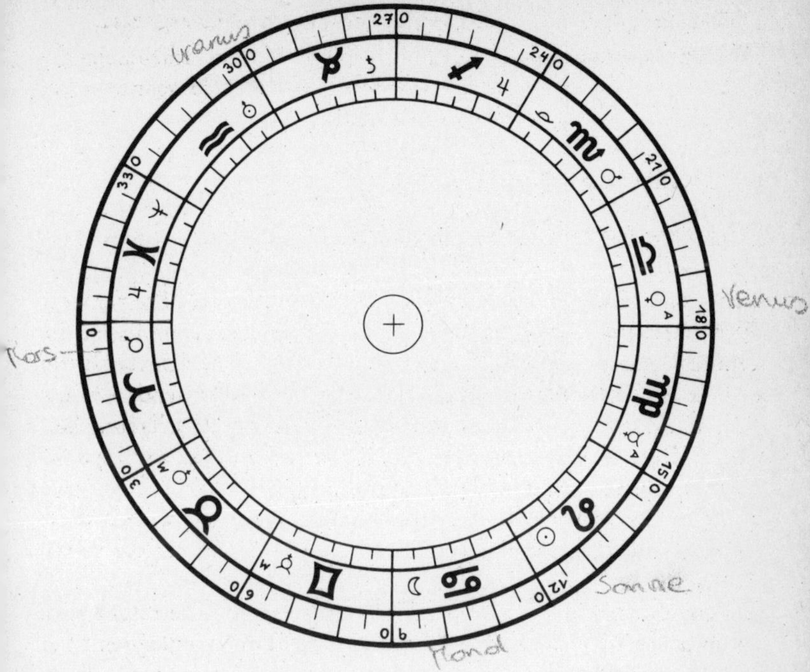

diesen Tierkreisabschnitten ihre verwandte Kraft finden. Das M und A hinter dem Merkur- und Venussymbol bedeuten Morgen- bzw. Abendstern.

Da ferner die Transsaturnier, also die Planeten Uranus, Neptun und Pluto, vor kurzem (auf den langen Zeitraum der astrologischen Geschichte und Erfahrung von 6500 Jahren bezogen) entdeckt wurden, sind sie auf diesem Formular miteingezeichnet, und zwar für die Abschnitte Skorpion (Pluto), Wassermann (Uranus), Fische (Neptun). Ebenso die Planeten, die früher als »Herrscher« galten: Mars für Skorpion, Jupiter für Fische.

Für die Kombination ist es also wichtig, die Färbung der Tierkreiszeichen auf den jeweiligen Planeten zu berücksichtigen. Hier können uns die jeweils herrschenden Zeichen gute Hilfe geben.

Man stelle sich nun vor, daß der Planet unseres Horoskops, der in einem bestimmten Zeichen steht, mit dem herrschenden Planeten dieses Zeichens sozusagen verbunden ist. Um es plastischer darzustellen: Unser Planet führt mit dem herrschenden Planeten des Zeichens eine Ehe.

Und eine Ehe ist nicht nur nach *einem* Partner zu beurteilen oder zu werten.

Da es nicht Sinn dieses Buches sein kann, die Kombination zu lehren, seien hier nur für *einen* Planeten einmal als Anregung zur Deutung Beispiele gebracht.

Am Planeten Merkur wollen wir dieses Beispiel illustrieren. Merkur gilt in der Astrologie als Symbol des Denkens und des Handelns, der Vermittlung, der Reaktion und Aktion und dessen, was unter dem Stichwort »Grundprinzip« bei der Vorstellung dieses Planeten zu lesen steht.

Wie schon erwähnt, muß jeder seine eigene Deutung finden, wir geben hier nur die bewährten Regeln wieder.

Merkur im Abschnitt *Widder*	ist marsisch gefärbt. Also: Streitlust, kämpferisches Handeln, Courage, Einsatzmut
Merkur im Abschnitt *Stier*	ist venushaft gefärbt. Also: Gefühlvolles Dienen, Takt, Kunstsinn, Genußfreude
Merkur im Abschnitt *Zwillinge*	ist merkurisch gefärbt. Also: Kopfdenken, Intellekt, Diskussionsstärke, Witz, Pointen
Merkur im Abschnitt *Krebs*	ist mondhaft gefärbt. Also: Seelenkunde, launisches Gemüt, Empfindlichkeit
Merkur im Abschnitt *Löwe*	ist sonnenhaft gefärbt. Also: Führungsaufgabe, autoritäres Denken und Handeln

Merkur im Abschnitt *Jungfrau*	ist merkurisch gefärbt. Also: Nachdenklichkeit, Philosophie, Vorsorgedenken
Merkur im Abschnitt *Waage*	ist venushaft gefärbt. Also: Liebenswertes Handeln, Takt, Kunstverstand
Merkur im Abschnitt *Skorpion*	ist plutonisch gefärbt. Also: Durchsetzungsdenken, Machtausübung, Intrigen
Merkur im Abschnitt *Schütze*	ist jupiterhaft gefärbt. Also: Führungsdenken, Wohlwollen, Prunkgehabe, Angabe
Merkur im Abschnitt *Steinbock*	ist saturnisch gefärbt. Also: Konzentration, Besonnenheit, Pokerspieldenken
Merkur im Abschnitt *Wassermann*	ist uranisch gefärbt. Also: Wagnis, Spekulation, Reformdenken, Abwechslung
Merkur im Abschnitt *Fische*	ist neptunisch gefärbt. Also: Instinktdenken, Hellsichtigkeit, Ahnungen

So in etwa muß jeder seine Kombinationen finden; die Färbung in konkrete Eigenschaften umsetzen, um über die Kräfte (je nach Planet und Zeichen) Auskunft zu geben. Wo sich diese Kräfte dann direkt oder vorwiegend auswirken, das wird über die Häuser erfahren.

Das Häusersystem

All das, was die Astrologen einst und heute am Himmel sahen, wollten und wollen sie auf das Leben der Erde übertragen. Das Motto hieß und heißt: *Oben wie unten*.

So wurde die Einteilung des Tierkreises auf die Erde übertragen. Der Grund lag in folgender Beobachtung:

Die Erde läuft ja nicht nur in 365 ¼ Tagen um die Sonne, sondern diese Bewegung wird zunächst durch die Drehung der Erde um ihre eigene Achse ausgelöst. In zirka 23 Stunden und 56 Minuten dreht sich die Erde um sich selbst.

Allein dadurch bekommen wir Tag und Nacht, dadurch geht immer morgens die Sonne im Osten auf und am Abend im Westen unter. Und diese Kreiselbewegung ist es nun auch, die die Erde um die Sonne wandeln läßt.

Man drehe nur einen Kinderkreisel um sich selbst, und man wird sehen, daß der Kreisel zusätzlich als zweite Bewegung einen Kreis beschreibt.

Diese Kreiselbewegung der Erde mit der Folge des Wechsels zwischen Helle (Tag) und Dunkelheit (Nacht) war für die Menschen einst von ungeheurer Wichtigkeit, denn Nacht bedeutete Tod, Tag dagegen Leben. In der Nacht zog sich der Mensch wie Pflanzen und Tiere in sich zurück, um dann am Tage nach außen zu treten.

Tag bedeutete also: Sonne = Wärme, Helle und Kraft, die Möglichkeit zu leben, etwas zu schaffen, etwas aufzubauen.

Nacht bedeutete also: Mond = Kälte, Dunkelheit und Schlaf (der kleine Tod), keine Möglichkeit etwas zu schaffen, dafür Angst und Furcht und die Notwendigkeit, sich gegen räuberische Feinde oder Gegner (wie wilde Tiere) zu schützen. Leben und Tod wurden, so können wir es heute formulieren, täglich erlebt. Und diese Erlebnisse prägten durch Jahrtausende die Seelen der Menschen.

Dann wurde den Menschen klar, daß sie im Grunde am Tage im Schnellrhythmus das Jahr erlebten. Den Frühling (bei Sonnenaufgang), den Sommer (um die Mittagszeit), den Herbst (mit der Abenddämmerung) und den Winter (in der Nacht).

Ein Tag war ein Jahr – eine riesige Erfahrungsentdeckung! Dies wurde untermauert durch die zu beobachtenden Horizontaufgänge, daß nämlich jeder Grad des Tierkreises (als *Meß*kreis) einmal am Tage aufgeht. Auch wird jeder Grad dieses Kreises einmal am Tag der höchststehende Grad, jeder Grad geht einmal am Tage unter und kommt zu seiner tiefsten Stelle.

Auch hier wurde das Jahr im Tag erfahren. So wie sehnsüchtig die Frühlingssonne erwartet wurde, so wurde auch auf den täglichen Sonnenaufgang gewartet; wie Angst vor der Wintersonne in den Menschen lebte, existierte auch die tägliche Angst vor dem Sonnenuntergang.

Dies führte dazu, den Tierkreis als messendes Instrument für den Tag zu übernehmen, so daß nach dieser Übertragung das Horoskop auch innen in zwölf Abschnitte gegliedert wurde: in die sogenannten Häuser oder Felder.

Ausgangspunkt war der Blick nach Osten, also zum Horizontaufgang. Der Name Aszendent bedeutet in der Astrologie: der im Moment des Ereignisses aufsteigende Ekliptik- oder Tierkreisgrad. Aus dem Zusammenhang zwischen Aszendent und Sonnenstand wurde dann die Uhrzeit bestimmt. Man schaute also »auf die Stunde«, und nichts anderes bedeutet das Wort Horoskop.

Danach wurde das *innere* Horoskop genauso wie der Tierkreis in zwölf Abschnitte geteilt, die *gegen* die Uhrzeigerrichtung gezählt oder numeriert wurden.

Der Aszendent, der also auf dem gedachten Meßkreis, der Ekliptik, festgehalten wurde (auch der aufsteigende Grad genannt), war *das* Entscheidende. Warum?

Nun, je mehr sich der Sonnenaufgang nach Norden verlagerte, um so länger schien die Sonne am Tage; je mehr sich der Sonnenaufgang gen Süden verschob, um so kürzer waren die Tage des Jahres.

Danach richtete sich die Arbeit, etwa um die Saat einzuholen, die Tiere auf die Weide zu bringen oder sie wieder in die Ställe zu treiben, um zu ernten, und was so an Arbeit anfiel, damit das Leben gemeistert werden konnte.

Diese Wichtigkeit wurde dann auch vom Jahreslauf auf den einzelnen Tag übertragen. Und dieser aufsteigende Grad, der Aszendent, wurde bis vor 100 Jahren noch wichtiger genommen als der Sonnenstand. Für die Geburten ergab dieser Meßpunkt bereits den *entscheidenden* Hinweis für den Lebensablauf! Das ging soweit, daß noch in den Büchern des neunzehnten Jahrhunderts der Aszendent eminent vorherrschte. Wurde von einem »Löwen« gesprochen, war damit der Aszendent und nicht die Sonne im Abschnitt Löwe gemeint, war von einem »Skorpion« die Rede, ging es um den Aszendentengrad in diesem Zeichen.

Die nächste Entdeckung war, daß die Aufgänge im Osten unterschiedlich waren, mal langsamer, mal schneller. So orientierten sich die Alten am höchststehenden Punkt, der Himmelsmitte. Diese Himmelsmitte, Medium Coeli genannt, verschob sich alle vier Minuten um einen Grad, womit ein gutes Zeitmaß gefunden war, das besonders später bei der Vorhersage wichtig wurde. Dem Aufgangspunkt lag um genau 180 Grad der Untergangspunkt, der Deszendent, gegenüber, so war mit der Messung des aufgehenden Ekliptikgrades auch der untergehende Grad der Ekliptik gefunden, wie auch der Himmelsmitte die Himmelstiefe, das Imum Coeli, genau um 180 Grad gegenüber liegt. All dies deutete, wie später viele andere Beobachtungen, bereits darauf hin, daß am Himmel eine hervorragende Ordnung herrschte, nach der sich der Mensch bestens richten konnte. Der Tag war also wie das Jahr genau einzuteilen, und er war berechenbar geworden. Man wußte plötzlich, wann die Sonne auf-, wann sie aber auch unterging. Die Zeit war am Himmel gefunden, und zwar minutengenau, eine der wichtigsten Erkenntnisse überhaupt, die das Leben der Menschen wie kaum etwas anderes bestimmen sollte.

Diese vier wichtigsten Punkte, Ausgangsüberlegung für den Aufbau des inneren Horoskops, wollen wir nun einmal in einer Skizze festhalten, um uns auch bildlich zu orientieren.

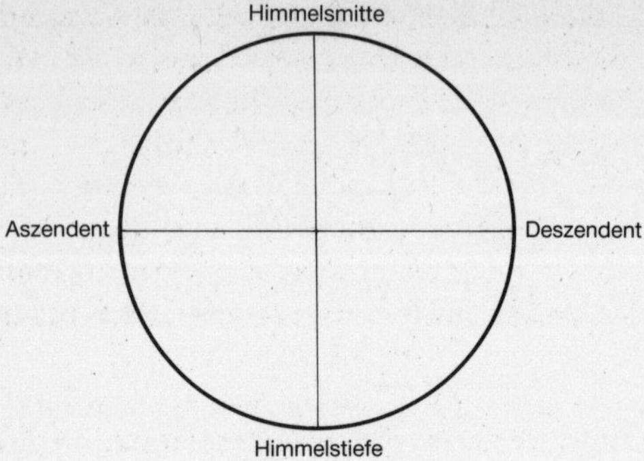

Die vier Eckpunkte

Die Abbildung zeigt einen Kreis. Jeder Kreis wird bekanntlich in 360 Grad eingeteilt. Wir erkennen Himmelshöhe und Himmelstiefe, Aszendent und Deszendent. Durch die Verbindung der sich gegenüberliegenden Punkte ergeben sich vier Quadranten. Diese Quadranten haben in dieser systematischen Einteilung jeweils einen Umfang von 90 Grad.

Die gleich große Aufteilung der Quadranten kommt, was die Verhältnisse von Aszendent zur Himmelsmitte und damit auch von Deszendent zur Himmelstiefe betrifft, nur einmal am Tag genau vor – und das auch nur bis ungefähr zum 50. Breitengrad. Dies braucht jedoch der Astrologe nur im Hintergrund zu wissen, da heute Computer oder Berechnungsunterlagen in Tabellenform die Arbeit der Ausrechnung abnehmen beziehungsweise sehr erleichtern.

Vom Aszendenten steigt die Sonne (und jedes Gestirn) nun im Uhrzeigersinn zur Himmelshöhe auf, steigt dann zum Deszendenten ab bis zur Himmelstiefe, um dann wieder zum Aufgangspunkt, dem Aszendenten, aufzusteigen.

Der Ekliptik-Meßkreis dreht sich im Uhrzeigersinn. Haben wir also einen Aszendenten von 00 Grad im Abschnitt Krebs, dann liegt dieser Grad um zwölf Uhr mittags Ortszeit bei der Himmelshöhe, bei Sonnenuntergang am Deszendenten und um Mitternacht bei der Himmelstiefe. Diese vier Quadranten sind, um dies vorweg zu nehmen, bei allen Schulen, egal welches Häusersystem sie benutzen, gleich. Sie entsprechen, wie schon gesagt, den vier Jahreszeiten, so daß die Überlegung aufkam: Wie kann ich diese Quadranten dritteln? Dritteln, denn jede Jahreszeit besteht ja aus drei Tierkreisabschnitten.

An dieser ausführlichen Darstellung wird deutlich, daß das Gesetz *»unten wie oben«* alles beherrschte. Wie es zu den verschiedenen Häusersystemen kam, ist eine andere Sache, die hier nicht zu erläutern ist.

Zunächst einmal arbeitete die klassische Astrologie gemäß dem astrologischen Gesetz mit der Drittelung der 90-Grad-Quadranten in je drei Teile zu 30 Grad. Damit waren jedoch Himmelsmitte wie Himmelstiefe nicht mehr Ausgangspunkte eines Quadranten, sondern alles wurde vom Aszendenten aus berechnet und angeordnet. Die Häuser nahmen also vom Aszendenten aus ihren Anfang. Der Aszendent war zugleich die *Spitze* des ersten Hauses, und 30 Grad weiter begann das zweite Haus.

Beispiel: Aszendent liegt bei 25 Grad Skorpion. Dann beginnt das zweite Haus bei 25 Grad Schütze, das dritte Haus bei 25 Grad Steinbock und so fort bis zum zwölften Haus, das bei 25 Grad Waage beginnt.

Diese jeweiligen Anfänge waren für die Deutung eines Hauses natürlich sehr entscheidend, da meist zwei Tierkreisabschnitte die Häuser färbten.

Trotzdem blieben die Astrologen dem Urgesetz des »unten wie oben« treu und setzten das *erste Haus*, egal in welchem Tierkreisabschnitt es auch begann, mit dem *ersten Tierkreisabschnitt* gleich, also dem Tierkreisabschnitt Widder.

Später kamen andere Schulen auf, die entweder die Häuser ganz verwarfen und damit abschafften, beziehungsweise Schulen, die die Häuser auch von der Himmelsmitte an zu zählen begannen, was aber mit der klassischen Astrologie nichts zu tun hatte oder hat.

Was die Häusereinteilung und damit die Bewertung beziehungsweise die Deutung betrifft, arbeitet die klassische Astrologie mit folgender Übersicht:

Das erste Haus	ist ein Widder-Haus	wird von Mars regiert.
Das zweite Haus	ist ein Stier-Haus	wird von Venus als Morgenstern regiert.
Das dritte Haus	ist ein Zwillinge-Haus	wird von Merkur als Morgenstern regiert.
Das vierte Haus	ist ein Krebs-Haus	wird vom Mond regiert.
Das fünfte Haus	ist ein Löwe-Haus	wird von der Sonne regiert.
Das sechste Haus	ist ein Jungfrau-Haus	wird von Merkur als Abendstern regiert.
Das siebente Haus	ist ein Waage-Haus	wird von Venus als Abendstern regiert.
Das achte Haus	ist ein Skorpion-Haus	wird von Pluto regiert.
Das neunte Haus	ist ein Schütze-Haus	wird von Jupiter regiert.
Das zehnte Haus	ist ein Steinbock-Haus	wird von Saturn regiert.
Das elfte Haus	ist ein Wasser-mann-Haus	wird von Uranus regiert.
Das zwölfte Haus	ist ein Fische-Haus	wird von Neptun regiert.

Der »regierende« Planet gibt dem Haus jeweils seine Prägung, womit die Grundaussage des Hauses gegeben ist. Da nun die Häuser die Lebensbereiche auf der Erde anzeigen, wird hier die Grundrichtung vom Temperament her angezeigt.

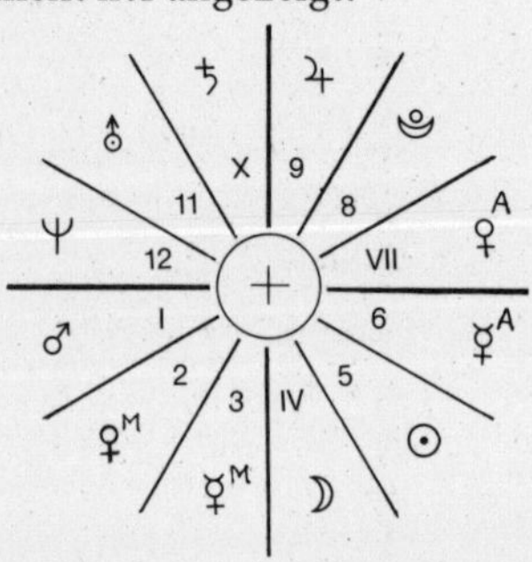

Häuser mit ihren »regierenden« Planeten

In der Abbildung sind die »regierenden« Planeten in die Häuser eingezeichnet. So können wir zu folgendem Schluß kommen:

Das *erste* Haus	ist marsisch geprägt.
Das *zweite* Haus	ist venushaft geprägt.
Das *dritte* Haus	ist merkurisch geprägt.
Das *vierte* Haus	ist mondhaft geprägt.
Das *fünfte* Haus	ist sonnenhaft geprägt.
Das *sechste* Haus	ist merkurisch geprägt.
Das *siebente* Haus	ist venushaft geprägt.
Das *achte* Haus	ist plutonisch geprägt.
Das *neunte* Haus	ist jupiterhaft geprägt.
Das *zehnte* Haus	ist saturnisch geprägt.
Das *elfte* Haus	ist uranisch geprägt.
Das *zwölfte* Haus	ist neptunisch geprägt.

Jeder Planet, der in seinem Haus steht, hat eine potenzierte »Wirkung«. Jeder Planet, der im Haus eines anderen Planeten steht, ist so zu beurteilen, als hätte er eine Konjunktion mit den jeweils regierenden Planeten.

Eine Besonderheit stellen die Planeten dar, die mal Morgen-, mal Abendstern sind, also Venus und Merkur. Sie können durchaus in einem Haus stehen, das sie nicht regieren. Beispiel: Wenn Venus als Abendstern im zweiten Haus steht oder Merkur als Morgenstern im sechsten Haus zu finden ist. Wenn dies auch »feinere« Deutungen sind, so soll der Grundsatz hier doch erwähnt sein.

Nach dem gleichen Motto »oben wie unten« wurden nun auch die Häuser gegliedert wie vorher die Tierkreisabschnitte.

Da gibt es erst einmal die Element-Gliederung, wenn auch die Elemente selbst nicht ausschlaggebend sind, sondern mehr auf das Temperamentsverhalten der Menschen abgestimmt waren:

Das Element Feuer	entsprach der persönlichen Richtung,
das Element Erde	entsprach der materiellen Richtung,
das Element Luft	entsprach der geistigen Richtung,
das Element Wasser	entsprach der seelischen Richtung

Persönliche	(Feuer) Häuser sind:	das I., das 5. und das 9. Haus.
Materielle	(Erde) Häuser sind:	das 2., das 6., das X. Haus.
Geistige	(Luft) Häuser sind:	das 3., das VII., das 11. Haus.
Seelische	(Wasser) Häuser sind:	das IV., das 8., das 12. Haus.

Sicher fällt die Schreibweise der Zahlen bei den Häusern auf. Die Eckhäuser, also die Häuser an der Spitze eines Quadranten, wurden einst (was heute kaum für richtig gehalten wird) als stärkere Häuser angesehen. Daher schrieb man diese Häuser mit römischen, die

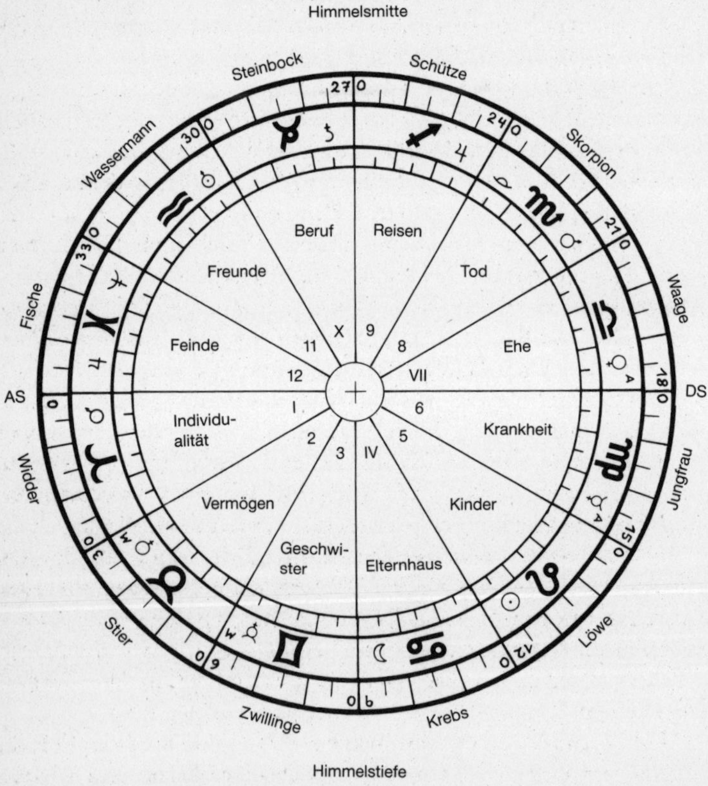

Mittelalterliche Häuserbezeichnung

anderen mit arabischen Ziffern. Dies wird bei der *Motorik* deutlich, die auch von den Tierkreisabschnitten übernommen wurde und als wesentlich für die Art der Häusergestaltung galt, je nachdem, welche Planeten in den entsprechenden Häusern zu finden sind.

Motorik

Bewegende	Häuser sind: I, IV, VII, X.
Feste	Häuser sind: 2, 5, 8, 11.
Angleichende	Häuser sind: 3, 6, 9, 12.

Die ungeraden Häuser gelten als männlich oder *ansprechend*. Die geraden Häuser gelten als weiblich oder *antwortend*.

Wir haben die Häuser einmal *ohne*, einmal mit Tierkreis vorgestellt, wobei wir dann auch die Inhaltsstichworte gesetzt haben. Gehen wir nochmal zu den Planeten als Häuserherrscher zurück. Es wird deutlich (wie beim Tierkreis), daß die ersten sieben Häuser von den individuellen oder schnellen Planeten regiert werden, die man auch als Lichter sowie innere Planeten bezeichnet. Das kommt daher, daß Merkur und Venus zweimal erscheinen.

Erst ab dem achten Haus kommen die äußeren Planeten als »regierend« an die Reihe. Daraus ergibt sich, daß die Häuser I bis VII eher die individuellen Bereiche widerspiegeln, während die Häuser 8 bis 12 eher die gesellschaftlichen Bereiche verdeutlichen, was bei den einzelnen Beschreibungen zum Ausdruck kommen wird. So geben auch die Häuser das enge Verhältnis von Himmel und Erde wieder. Dies ließ (und läßt) dann Rückschlüsse von Bewegungen des Himmels zum Geschehen auf der Erde zu.

Die Astrologie der vorherigen Jahrhunderte begnügte sich meist mit dem einen Stichwort, das wir jeweils in die Häusereinteilungen hineingeschrieben haben. Von diesem Stichwort aus wurde dann kombiniert, wurden die Schlußfolgerungen gezogen – mit Erfolg, wenn wir etwa an die Aussagen von Johannes Kepler über Wallenstein denken.

Damals gab es schon bestimmte Lehrsätze, die sich die Eleven einprägen mußten. Viele waren ja noch nicht des Lesens kundig, und das meiste Wissen wurde mündlich weitergegeben. Ein Satz ist uns überliefert, der sich auf die Bedeutung der Häuser bezog, wobei wir zur Erläuterung die Nummern der Häuser daruntergeschrieben haben:

Es lebt	reich	Bruder	Vater	Kind	krank	Hausfrau
I	2	3	IV	5	6	VII

alle Todes-Gesind	und wandelt	mit Herrlichkeit
8	9	X

hat Glück	Gefängnis bringt Leid
11	12

Das heißt heute übersetzt: Leben (I. Haus), Vermögen (2. Haus), Bruder = Geschwister (3. Haus), Vater = Eltern (IV. Haus), Kinder (5. Haus), krank =Krankheit (6. Haus), Hausfrau = Ehefrau (VII. Haus), alle Todes-Gesind = Tod (8. Haus), und wandelt = Haus der Ferne (9. Haus), mit Herrlichkeit = Berufsansehen (X. Haus), hat Glück = Freunde (11. Haus), wo Gefängnis bringt Leid = Lebensbilanz (12. Haus).

Die Astrologie gab über alle Lebensbelange Auskunft. Die Häuser zeigten an, wie sich das Leben im betreffenden Bereich wohl abspielen würde.

So galten die Häuser als Leitkompaß für das irdische Geschick in Ergänzung zu den Tierkreisabschnitten, die den himmlischen Kompaß darstellten. Natürlich wurden für die differenzierten Aussagen Kombinationen der Häuser untereinander vorgenommen.

Wesentlich war für jedes Haus das Oppositionshaus, also das gegenüberliegende Haus.
Folgende Übersicht erläutert dies:

Das Ich des I. Hauses
strebt zum Du des VII. Hauses.
Das Vermögen des 2. Hauses
muß sich mit dem Verlust des 8. Hauses auseinandersetzen.
Die Nähe des 3. Hauses
strebt zur Ferne des 9. Hauses.

Die Herkunft des IV. Hauses
bedingt das Ansehen des X. Hauses.
Das Kreative des 5. Hauses
muß sich sozial im 11. Haus eingliedern.
Die Krankheit des 6. Hauses
wird im 12. Haus auskuriert.

Im Laufe der Zeit schälten sich dann auf Grund vieler Erfahrungswerte weitere Kombinationsmöglichkeiten heraus, die teilweise noch heute gelten. So wurde immer nach der Erotik gefragt, nach gefährlichen Situationen etc.

Natürlich kann da *ein* Haus, selbst mit dem Oppositionshaus kombiniert, keine genügende Auskunft geben und so entwickelten sich in der klassischen Astrologie gewisse Häuserformeln, von denen wir einige bewährte wiedergeben möchten.

Häuser-Formeln:

Für Beruf	die Häuser 2, 6, X
Für Idealismus	die Häuser I, 5, 9
Für das Benehmen	die Häuser I, 3, 9
Für die Gesundheit	die Häuser 2, 6, 8, 12
Für die Ehe	die Häuser I, 5, VII
Für die Erotik	die Häuser 2, 5, VII, 11
Für den Glauben	die Häuser 8, 9, 12
Für die Esoterik	die Häuser IV, 8, 12
Für Glücksspiele	die Häuser 2, 5
Für Pflichterfüllung	die Häuser I, 6, X
Für große Reisen	die Häuser X, 9
Für kleine Reisen	die Häuser I, 3
Für Strafprozesse	die Häuser I, X, 12

Auch in Hinsicht auf die Lebensepochen gibt es richtungsweisende Häusereinteilungen.

Das I. Haus gibt Auskunft über das erste Lebensviertel.
Das 2. Haus gibt Auskunft über das zweite Lebensviertel.

Das 3. Haus gibt Auskunft über das dritte Lebensviertel.
Das IV. Haus gibt Auskunft über das vierte Lebensviertel.

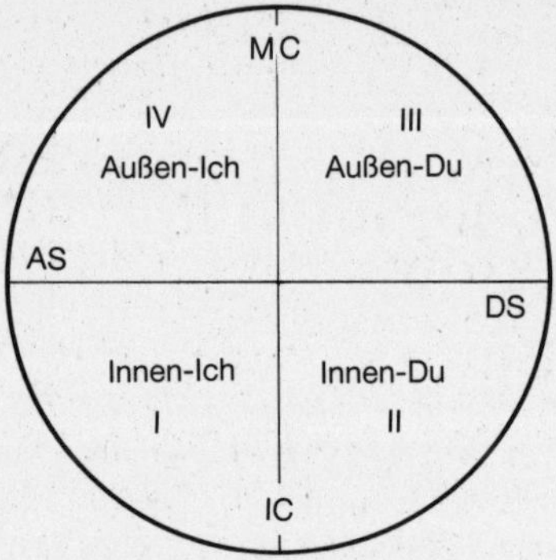

Die vier Quadranten

Mit einem Blick war so vor den alten, klassischen Astrologen der Ablauf eines Lebens erschaubar, die Häuserformeln waren oft Voraussetzung für teilweise erstaunlich richtige individuelle Voraussagungen.

Wichtig war noch die Einteilung in die Tag- und Nachthälfte. Alle Häuser oberhalb der Linie zwischen Aszendent und Deszendent, die man auch die Horizontlinie nennt, also die Häuser 12, 11, X, 9, 8 und VII, gehören zur Taghälfte. Alle Häuser unterhalb der Horizontlinie, also die Häuser I, 2, 3, IV, 5 und 6, gehören zur Nachthälfte.

Die (vom Betrachter aus gesehen) linken Häuser gehören zur Ich-Hälfte, also die Häuser X, 11, 12, I, 2 und 3. Die rechten Häuser gehören zur Du-Hälfte, also die Häuser 9, 8, VII, 6, 5, IV.

Durch die Mischung der Ich- und der Du-Hälfte ergeben sich dann auch nähere Bezeichnungen der vier Quadranten. Diese vier Quadrant-Bezeichnungen bereichern dann noch die Aussagen der jeweiligen Häuser.

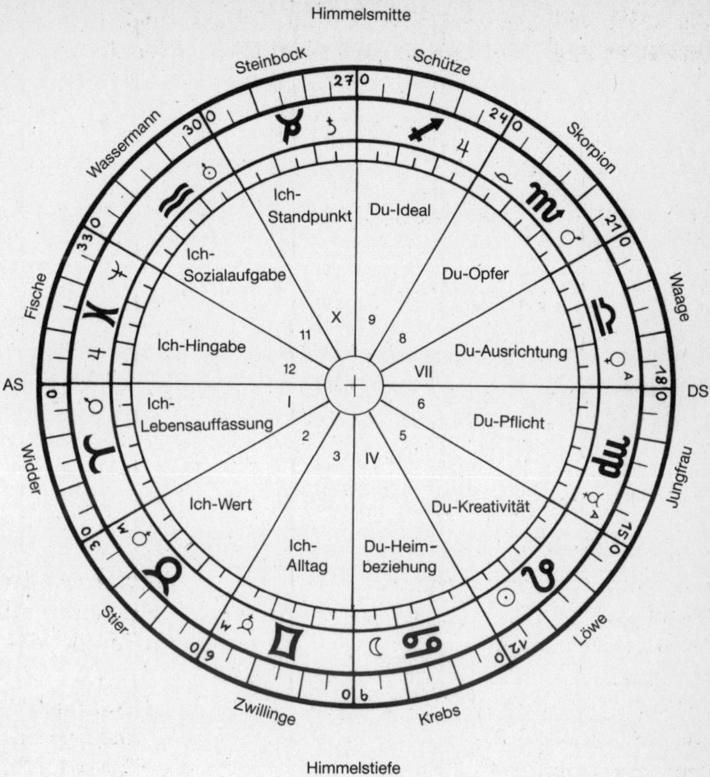
Himmelsmitte
Steinbock
Schütze
Wassermann
Skorpion
Fische
Waage
AS
DS
Widder
Jungfrau
Stier
Löwe
Zwillinge
Krebs
Himmelstiefe
Ich-Standpunkt
Du-Ideal
Ich-Sozialaufgabe
Du-Opfer
Ich-Hingabe
Du-Ausrichtung
Ich-Lebensauffassung
Du-Pflicht
Ich-Wert
Du-Kreativität
Ich-Alltag
Du-Heimbeziehung
X
9
11
8
12
VII
I
6
2
5
3
IV

Häuser

Erstes bis zwölftes Haus

Erstes Haus

Einordnung:	Eckhaus, bewegend
Ausrichtung:	Persönlich
Grunddeutung:	Das Ego (Ich)-Haus
Maßgebender Planet:	Mars
Urzeichen der Färbung:	Widder
Grundrichtung:	Innen-Ich, die eigene Lebensauffassung
Motivierung:	Ich-Lebensmotivation
Aufgabe:	Das Ich erkennen
Lebensbereiche:	Grundauffassung der Lebensgestaltung, körperliche Grundkonstitution, Auftreten in der Umwelt, Ich-Umweltsicht, Willensrichtungen, Anspruch des Ego, Startfähigkeit, allgemeine Ausgangslage
Sonne im ersten Haus:	Selbstbewußte Persönlichkeit, Hervortreten, Autoritätsanspruch, Erfolgsaussichten, Maßlosigkeit der Ichbetonung, Gefahr, das Ich in den Vordergrund zu stellen, Machtanspruch an die Umwelt
Mond im ersten Haus:	Empfindsamkeit, Gemütsabhängigkeit durch die Umwelt, Betreuungswille, Betonung der seelischen Kraft, Verletzbarkeit, psychosomatische Belastungen und Beeinflussungen
Merkur im ersten Haus:	Ich-Handlungstrend, Vorteile für sich erkennen, schnelle Handlungskraft, auf der Hut sein, individuelle Reaktionen

Venus im ersten Haus:	Harmoniesehnsucht und Ausstrahlung, Kunstinteresse des Ichs, Emotionsstärke
Mars im ersten Haus:	Ich-Wille, starke Ich-Energie, Zivilcourage, Ich-Einsatz, großer Ansporn
Jupiter im ersten Haus:	Ich-Entfaltung, subjektive Gerechtigkeit, Streben nach dem Lebenssinn, Ruhmsucht
Saturn im ersten Haus:	Ich-Konzentration, Familientradition des Ichs, zu subjektiver Ernst
Uranus im ersten Haus:	Einfallsreichtum des Ichs, schnelle Einstellungsmöglichkeit auf neue Lagen
Neptun im ersten Haus:	Ich-Instinkt, Ahnungsvermögen, Medialität, Ich-Hellsichtigkeit
Pluto im ersten Haus:	Ich-Machtwille, Durchsetzung des Ichs
Zu starke Betonung des ersten Hauses:	Egozentrik, Alleingänge, Unfähigkeit zur Neutralität, undiplomatisch, zu subjektives Handeln, Selbstschädigung

Zweites Haus

Einordnung	Mittelhaus, fest
Ausrichtung:	Stofflich
Grunddeutung:	Das Selbstwert-Haus
Maßgebender Planet:	Venus als Morgenstern
Urzeichen der Färbung:	Stier
Grundrichtung:	Innen-Ich, die Begabung, das Vermögen
Motivierung:	Ich-Können
Aufgabe:	Den Selbstwert erkennen
Lebensbereiche:	Begabungen, materielle Grundsicherung, Umgang mit der Materie, mit Werkstoffen,

	Kapitalanlagen, Erwerbssinn, Sicherung der Werte, Anschaffungen, Lebensgenuß, Naturverbundenheit
Sonne im zweiten Haus:	Wissen um den eigenen Wert, Eigentumsstreben, Lebenszuversicht, Großzügigkeit, Lebensfreude, Zukunftszuversicht, Kunstsinn, Kunstbegabung, Interesse für Malerei und Gesang, Absicherung
Mond im zweiten Haus:	Seelische Stärke, Drang nach Sicherheit aus einer Lebensfurcht heraus, Mitleid, Festhalten am Erworbenen, Unsicherheiten in Finanzfragen, Stil, konservative Arbeitsgrundhaltung
Merkur im zweiten Haus:	Handlungsfreude, kaufmännische Begabung, Denken in Werten und deren Absicherung, Erwerbssinn, Geschäftsbegabung
Venus im zweiten Haus:	Gefühlssicherung, Abwägen der Lebensbindungen, Glück im Erwerb, Gewinne
Mars im zweiten Haus:	Drang nach Reichtum und Anerkennung, Kampf um den Gewinn, Risikofreude
Jupiter im zweiten Haus:	Die Gabe, seine Talente zu entfalten, Wohlstand, Gefahr der Verschwendung
Saturn im zweiten Haus:	Sparsamkeit bis zum Geiz, Erwerb von Grund und Boden, Angst vor Verlusten
Uranus im zweiten Haus:	Spekulationen, Börseninteresse, Spürnase für überraschende Gewinne
Neptun im zweiten Haus:	Inspirationsbegabung, Täuschungen bei Anlagen, Erwerbsinstinkt
Pluto im zweiten Haus:	Geld als Machtfaktor sehen
Zu starke Betonung: des zweiten Hauses:	Zu materielle Ausrichtung, Denken in Werten und Geldern, fehlende Opferbereitschaft, Geschäftshärte

Drittes Haus

Einordnung:	Angleichendes Haus, anpassend
Ausrichtung:	Geistig
Grunddeutung:	Das Kommunikations-Haus
Maßgebender Planet:	Merkur als Morgenstern
Urzeichen der Färbung:	Zwillinge
Grundrichtung:	Innen-Ich, der Alltag des Ichs
Motivierung:	Mit der Umgebung leben müssen
Aufgabe:	Aus dem Alltag herauswachsen
Lebensbereiche:	Nachbarschaft, Geschwister, Verträge, das Alltägliche, Einstellung zu Kollegen, Hilfsbereitschaft, Verkehr, kleine Reisen, Anschaffungen, Umzüge, normale Feste, alle Begegnungen
Sonne im dritten Haus:	Ich-Kommunikationsbedürfnis, Schreibenwollen, Verständigungs- und Vermittlungsbereitschaft, Liebe zum Ortswechsel, Ich-Beweglichkeit auf allen Gebieten, Journalismus, alle Verträge
Mond im dritten Haus:	Reiselust, Unruhe, Einsamkeitsfurcht, seelische Kommunikationssehnsucht, Psychoanalyse, Gespür für Kontakte, vielfältige Wunschwelt, Wissensdrang, innere Zwiespältigkeit, Ruhelosigkeit
Merkur im dritten Haus:	Kommunikationsmanie, Alltagsmeisterung, Hans Dampf in allen Gassen, Vertreterbegabung, Hinneigung zur Medienwelt
Venus im dritten Haus:	Gefühl für die Umgebung, Mitlachen, Mitweinen, Alltagsemotionen, Takt

Mars im dritten Haus:	Alltagsenergie, Ehrgeiz in kleinen Dingen, Ungeduld im Alltag, Hetze
Jupiter im dritten Haus:	Kulturbedürfnis, Sinn für die Alltagsaufgaben, Gabe zum Schiedsrichter
Saturn im dritten Haus:	Pflichterfüllung im Alltag, Über-Pünktlichkeit, Pedanterie, Ordnungsliebe
Uranus im dritten Haus:	Sprunghaftigkeit, es in kleinen Dingen nicht so genau nehmen, Einfälle, Gags
Neptun im dritten Haus:	Alltagsinstinkt, Wachträumerei, Einfühlungsgabe, gewisse Unzuverlässigkeit
Pluto im dritten Haus:	Der Polizist in der Nachbarschaft
Zu starke Betonung des dritten Hauses:	Das Alltägliche überschätzen, Mangel an großen Zielen, Ablenkbarkeit, bescheidener Lebensanspruch

Viertes Haus

Einordnung:	Eck-Haus, bewegend
Ausrichtung:	Seelisch
Grunddeutung:	Das Heimat- und Elternhaus
Maßgebender Planet:	Mond
Urzeichen der Färbung:	Krebs
Grundrichtung:	Innen-Du, das Herkommen
Motivierung:	Dem Elternhaus entwachsen
Aufgabe:	Selbständig werden
Lebensbereiche:	Heimat, Heim, Familie, von der Wiege bis zur Bahre, die Wurzeln, die Familientradition, das Archetypische in einem Menschen, Heimatliebe, Alter, Erbpflege, Patriotismus

Sonne im vierten Haus:	Familienliebe, Traditionspflege, Karma-Wissen, Stolz auf die Herkunft, Reinkarnationsinteresse, Archäologie, schwere Abnabelung, Nachdenklichkeit, Heimattreue, Pflege der Vergangenheit
Mond im vierten Haus:	Elternbindung, nicht erwachsen werden wollen, Psychologieinteresse, tiefes Gemüt, Kindheitserfahrungen prägen das Leben, Furcht vor dem Fremden, das Heim als Lebenshalt, Altersangst
Merkur im vierten Haus:	Vergangenheitsbeschäftigung und -bewältigung, Gedächtniskraft, Denkmalpflege, Philosophie, Psychologieinteresse
Venus im vierten Haus:	Heimgestaltung, Heimatkunst, Elternliebe, Familiengefühl, Sentimentalität
Mars im vierten Haus:	Aufbruch aus der Familie, Altersenergien, Kampf für die Tradition, Heimatwille
Jupiter im vierten Haus:	Traditionsentfaltung, Archetypenforschung, Entfaltung aus dem Herkommen
Saturn im vierten Haus:	Heimatverwurzelung, Familientradition, Pflichtbewußtsein, Altersvorsorge
Uranus im vierten Haus:	Aufbruchswunsch, Freiheitsdrang, Familienlösung, über sich hinauswachsen
Neptun im vierten Haus:	Urinstinkt, Ahnungen, Erfahrungsschatz, Heimsehnsucht, Altersangst, Spürsinn
Pluto im vierten Haus:	Haustyrann, Traditionsdiktatur
Zu starke Betonung des vierten Hauses:	Verkrustung in der Heimat und Familie, Degeneration, Zukunft nicht erschauen, Hängen am Gewesenen, das ewig Gestrige

Fünftes Haus

Einordnung:	Mittel-Haus, fest
Ausrichtung:	Stofflich
Grunddeutung:	Das kreative Haus
Maßgebender Planet:	Sonne
Urzeichen der Färbung:	Löwe
Grundrichtung:	Innen-Du, das Schöpferische
Motivierung:	Spuren hinterlassen
Aufgabe:	Kreativität entwickeln
Lebensbereiche:	Lebensfreude, Kinderliebe, Gewinne, Erfindung, schöpferisches Schaffen, Lust, Genuß, Verführung, Lebenstheater, Darstellung des Ichs, Anima- und Animus-Fixierung
Sonne im fünften Haus:	Schöpferische Kraft, Vaterliebe, Selbstbewußtsein, Verführungs- und Anziehungskraft, Imponierfreudigkeit, Chefallüren, Erotikkraft, Stolz, Lebensfreude, Lebenslust
Mond im fünften Haus:	Kindersehnsucht, Mutterliebe, schöpferische Seele, Gemütskraft, Gefahr der erotischen Sehnsuchtshingabe, Herzlichkeit, Verantwortungsgefühl, Standesgefühl, innerer Stolz, Stärke
Merkur im fünften Haus:	Schöpferisches Denken und Handeln, Glücksbeziehung, Zauberei, Gaukelei, kreativ denken, Kunstgestaltung
Venus im fünften Haus:	Kinderliebe, Kunsthingabe, Verführungskraft, Liebesreichtum, Eitelkeit
Mars im fünften Haus:	Triebstärke, Sportleidenschaft, Eroberungen, Erfolgssucht, Eifer

Jupiter im fünften Haus:	Kreative Sinnsuche, Kunstförderung, Großherzigkeit, Führungsanspruch
Saturn im fünften Haus:	Kreative Beschränkung, begrenzte Lebensfreude, Kunststrenge, Kritik
Uranus im fünften Haus:	Spekulationen, Kunstintuition, Ideen, Abenteuerlust, Freiheitsdrang
Neptun im fünften Haus:	Kunstinstinkt, erotische Animalität, Magieliebe, Schauspielerei, Wandel
Pluto im fünften Haus:	Das Glück mit Gewalt zwingen wollen
Zu starke Betonung des fünften Hauses:	Kinderphobie, Süchte, Leidenschaften, Selbstüberschätzung, Auskosten der Genüsse, Schatten-Verdrängung

Sechstes Haus

Einordnung:	Angleichendes Haus, anpassend
Ausrichtung:	Stofflich
Grunddeutung:	Das Arbeits- und Gesundheitshaus
Maßgebender Planet:	Merkur als Abendstern
Urzeichen der Färbung:	Jungfrau
Grundrichtung:	Innen-Du, Pflichten
Motivierung:	Leistung erbringen
Aufgabe:	Dienst am Du
Lebensbereiche:	Die Lebenspflichten, Arbeit, Angestellte, Gesundheit, Alterungsprozesse, Kraftverbrauch, Leiden, Dienen, Unterordnungen, Hilfsdienste, Pflege anderer
Sonne im sechsten Haus:	Pflichtbereitschaft, Streben nach dienenden bis heilenden Berufen, stilles Vorbild sein,

	Fürsorge, Sorgsamkeit, Selbstzügelung, Logik, Philosophie, Spezialisierungen
Mond im sechsten Haus:	Fleißbereitschaft, dienende Seele, Duldsamkeit, Glaube an die innere Kraft, Heilungswille, Lerneifer, Neidveranlagung, Demut, Fatalismus, Kränkungen als Krankheitsursache
Merkur im sechsten Haus:	Beschäftigungsdrang, Philosophie, Gemeinschaftsdrang, Nervosität, Hilfsbereitschaft, heilende Hände
Venus im sechsten Haus:	Dienst am Schönen, Barmherzigkeit, Mitleid, Pflichterfüllung aus Liebe
Mars im sechsten Haus:	Arbeitselan, Kampf für eine Aufgabe, Vorbildstreben, Kraftverbrauch
Jupiter im sechsten Haus:	Heilgaben, Cheftalent, Nachdenklichkeit in der Sinnsuche, Dienst am Recht
Saturn im sechsten Haus:	Korrektheit, Pflichterfüllung, Strenge, Dienstbereitschaft
Uranus im sechsten Haus:	Rationalisierung, Technik in der Arbeit, Heilungsreformen
Neptun im sechsten Haus:	Instinkt für das Notwendige, Suchtgefahren und Krankheiten, Erschöpfungen
Pluto im sechsten Haus:	Einsatz bis zum Letzten, Chefallüren
Zu starke Betonung des sechsten Hauses:	Arbeitswut, Gesundheitswahn, Lebenspessimismus, Unterordnungsrausch, eingebildete Krankheiten

Siebtes Haus

Einordnung:	Eck-Haus, bewegend
Ausrichtung:	Geistig
Grunddeutung:	Das Du-Haus
Maßgebender Planet:	Venus als Abendstern
Urzeichen der Färbung:	Waage
Grundrichtung:	Außen-Du, das Echo auf das Ich
Motivierung:	Die Ergänzung finden
Aufgabe:	Beziehung zum Du gestalten
Lebensbereiche:	Bindungen, Lebenspartnerschaft, Du-Hinwendung, nahe Menschen, Patienten, Klienten, Schüler, Kunden, was vom Ich und Du geopfert werden muß, Ergänzungsfindung
Sonne im siebten Haus:	Du-Aufgabe, Bindungsbereitschaft, Ergänzungsbewußtsein, Partneranspruch, Gefallsucht, Strahlkraft, Partnerautorität, für Künstler das Publikum, Hingabebereitschaft, Harmoniestreben
Mond im siebten Haus:	Seelische Ausstrahlungskraft, Ankommen beim Partner, beim Publikum, Ergänzungssehnsucht, das Echo verstehen, Herzlichkeit zum Du, Liebesbedürfnis, Geselligkeit, Zärtlichkeitswunsch
Merkur im siebten Haus:	Du-Denken, Arbeit für das Echo, für die Öffentlichkeit, Sprechbedürfnis, Heiratsvermittlung, Agenturen
Venus im siebten Haus:	Partnergefühl, Liebessehnsucht, Kunstdrang, Eitelkeit, gute Zusammenarbeit
Mars im siebten Haus:	Partnerdrang, Ehekrisen, Kritikanfälligkeit, Eroberungstrieb, weites Herz

Jupiter im siebten Haus:	Entfaltung in der Partnerschaft, Beliebtheit, Ausstrahlungsvermögen
Saturn im siebten Haus:	Treue, Sicherheit geben, Eheverpflichtung, Halt geben, Bindung an Ältere
Uranus im siebten Haus:	Partnerintuition, Partnerwechsel, Verführbarkeit, Aufleben durch das Du
Neptun im siebten Haus:	Partnerinstinkt, Du-Animalität, Raffinesse, animalische Beziehungen
Pluto im siebten Haus:	Partnerbeherrschung, Machtstreben
Zu starke Betonung des siebten Hauses:	Ich-Substanzverlust, Partnerabhängigkeit, Eifersucht, Echoüberbewertung, Kritikanfälligkeit, totale Ich-Aufgabe

Achtes Haus

Einordnung:	Mittel-Haus, fest
Ausrichtung:	Seelisch
Grunddeutung:	Verluste, Erfahrung mit Grenzgebieten
Maßgebender Planet:	Pluto (bis vor kurzem noch Mars)
Urzeichen der Färbung:	Skorpion
Grundrichtung:	Außen-Du, Lebenserfahrungen
Motivierung:	Tod- und Verlustbewältigung
Aufgabe:	Verluste in Gewinne wandeln
Lebensbereiche:	Enderfahrung, alle Grenzgebiete, Todbegegnung, Psychosomatik, Okkultismus, Geheimwissenschaften, Reinkarnation, Seelenweisheit, Lebenskrisen, Auferstehung, Heilungswunder

Sonne im achten Haus:	Interesse für Grenzfragen, Jenseitszuwendung, Mystik, Opferbereitschaft, Hang zur Magie (schwarzer und weißer), Beziehung zum Tod, Psychoanalyse, Wahrheitsmut, Gefahr des Fatalismus
Mond im achten Haus:	Esoterik, Seelenüberzeugung, Karma-Wissen, Erkennen des Transzendenten, Mutterahnungen, tiefes Innenleben, Opferbereitschaft, Heilkraft der Seele, Autosuggestion, Schicksalskraft
Merkur im achten Haus:	Geheimwissenschaften, Ordenszugehörigkeit, intellektuelle Auseinandersetzung mit Verlusten und Tod, Jenseitszweifel
Venus im achten Haus:	Kraft der tiefen Zuneigung, Gefühlsschädigungen, Liebesopferungen
Mars im achten Haus:	Lebensleichtsinn, Todestrieb, Kampf mit dem Dunklen, Lichtsehnsucht
Jupiter im achten Haus:	Suche nach dem Lebens- und Sterbesinn, Seelenheilkraft, Geistheilung
Saturn im achten Haus:	Tod als Prüfung, Einsamkeitserfahrungen, Einsicht in die Vergänglichkeit
Uranus im achten Haus:	Intuitionen für Grenzfragen, Esoterikbegabung, Tod als Übergang sehen
Neptun im achten Haus:	Todesahnungen, Telepathie, Jenseitswissen, Führer durch die Dunkelheit
Pluto im achten Haus:	Todesverachtung, Vernichtungsspürsinn
Zu starke Betonung des achten Hauses:	Abkehr von dem Realen, Grundpessimismus, Nihilismus, mystischer Fatalismus, Anfälligkeit bis zur Selbstschädigung

Neuntes Haus

Einordnung:	Angleichendes Haus, anpassend
Ausrichtung:	Persönlich
Grunddeutung:	Ferne, Horizonterweiterung
Maßgebender Planet:	Jupiter
Urzeichen der Färbung:	Schütze
Grundrichtung:	Außen-Du, das höhere Streben
Motivierung:	Die Sinnsuche
Aufgabe:	Über sich hinauswachsen wollen
Lebensbereiche:	Glaubensdinge, Priestertum, Ferne, die höhere Gerechtigkeit, Weiterbildung, Fernreisen, Dichtung, die schönen Künste, geistige Zentren, Führung im geistigen Bereich
Sonne im neunten Haus:	Führungswille und -anspruch, Sehertum, Vorbild, Guru, Hochmut, Weitblick, geistige Selbsthingabe, Jovialität, Ehrfurcht, Erkenntnistrieb, Machtwille, Auszeichnungsverlangen
Mond im neunten Haus:	Religiöse Ausrichtung, Fernweh, Ideen, Meditation, Reiselust, Hoffnungsglaube, Begeisterung für Missionen, Wachträume, Streben nach seelischen Erkenntnissen, innere Überzeugungsstärke, Humor
Merkur im neunten Haus:	Führungsdenken, Strategiebegabung, Kritik als Aufbau, intellektuelle Lebensklugheit, Managertalent
Venus im neunten Haus:	Kunststreben, Gestaltungsehrgeiz, Glaubensliebe, Lebensmut
Mars im neunten Haus:	Ehrgeiz, Willensentfaltung, Kampf für das Recht, Freimütigkeit

Jupiter im neunten Haus:	Kulturförderung, Missionsdrang, Gerechtigkeitsliebe, Fernsehnsucht
Saturn im neunten Haus:	Erfahrungsphilosophie, Klosterstrenge, Traditionsglaube, Juristerei
Uranus im neunten Haus:	Erkenntnisintuition, schweifende Ideen, Erfindungen, Reformmut
Neptun im neunten Haus:	Mediale Ausrichtung, Ahnungskraft, Inspiration, Menschenliebe
Pluto im neunten Haus:	Religionsdogmatik, Glaubensherrschaft
Zu starke Betonung des neunten Hauses:	Absoluter Führungsanspruch, Glaube an die eigene Unfehlbarkeit, zu hohe Maßstäbe setzen, Unerbittlichkeit

Zehntes Haus

Einordnung:	Eck-Haus, bewegend
Ausrichtung:	Stofflich
Grunddeutung:	Ansehen in der Außenwelt
Maßgebender Planet:	Saturn
Urzeichen der Färbung:	Steinbock
Grundrichtung:	Außen-Ich, der Lebenshöhepunkt
Motivierung:	Realer Ehrgeiz
Aufgabe:	Den Gipfel anvisieren
Lebensbereiche:	Arbeitswelt, Machtpositionen, Anerkennungsstreben, Ehre, Ansehen, Öffentlichkeit, Führungsgremien, Auszeichnungen, Würden, Repräsentationen, Ehrenmitgliedschaften

Sonne im zehnten Haus:	Ruhm, Ansehen, Stolz bis Hochmut, Befehlsgewalt, Berühmtheit, Präsidentschaft, Minister, Direktor, Richtlinienkompetenz, Gnadenerlasse, ewiger Kampf um die Spitze
Mond im zehnten Haus:	Seelenehrgeiz, Ruhmsucht, Volkslob, mütterlicher Ehrgeiz, Berufswechsel, Ausdauer in der Bewältigung der Lebensprobleme, Selbständigkeitssehnsucht, Angst vor dem Niedergang, Vorsicht
Merkur im zehnten Haus:	Gute Berufsauffassung, kluge Reaktionen, warten können, Überzeugungskraft, Einfallsreichtum, Beratertätigkeiten
Venus im zehnten Haus:	Künstlerisches Berufsstreben, Berufsheirat, Geschäftsbindungen, Diplomatie
Mars im zehnten Haus:	Ehrgeiz, Unbedingtheit im Erfolgsstreben, Einsatzmut, Risikofreudigkeit, Trotz
Jupiter im zehnten Haus:	Man wurde gefördert – man muß fördern, Lebenserfolge, Ausstrahlungskraft
Saturn im zehnten Haus:	Zäher Eifer, warten können, Pokereinstellung, Gefahr des Sturzes, Macht
Uranus im zehnten Haus:	Sprunghafte Erfolge, Glückskarriere, plötzliche Chancen, Berufsveränderungen
Neptun im zehnten Haus:	Berufsinstinkt, animalischer Ehrgeiz, Täuschungsgefahren, Sonderstellungen
Pluto im zehnten Haus:	Machterreichung, autoritäres Handeln
Zu starke Betonung des zehnten Hauses:	Überehrgeiz, Ellenbogengebrauch, sich nicht unterordnen können, Hochmut, Intrigen, Machterhaltung um jeden Preis

Elftes Haus

Einordnung:	Mittel-Haus, fest
Ausrichtung:	Geistig
Grunddeutung:	Freunde, enge Vereinigungen
Maßgebender Planet:	Uranus
Urzeichen der Färbung:	Wassermann
Grundrichtung:	Außen-Ich, die Beziehungen
Motivierung:	Reformen, Erneuerung
Aufgabe:	Sozialverhalten
Lebensbereiche:	Freundschaften, Vereine, Logen, Sekten, Gemeinschaftsanliegen, Schulen, Universitäten, Betriebsrat, Kollegium bis hin zum Rat der Weisen, Geheimbünde
Sonne im elften Haus:	Freundschaftsanliegen, Teamgeist, Kollegialität, Lehrinteresse, Erfolge aus dem Hintergrund, das wahre Direktorium, soziale Einstellung, Neues und Altes reformierend verbinden
Mond im elften Haus:	Soziale Grundeinstellung, Freundschaftssehnsucht, Wege zum Geheimwissen suchen, originelle Reformen predigen, Grundidealismus, Humanität, Humor und Witz als Waffe gebrauchend, Hoffnungssuche
Merkur im elften Haus:	Überraschendes Handeln, soziales Denken, Überraschungseffekte, Freundschaftshandlungen, Gefahr der Effekthascherei
Venus im elften Haus:	Freundinnen, weibliche Sozialeinstellung, Mitgefühl, Hilfsbereitschaft im Team
Mars im elften Haus:	Ehrgeiz unter Freunden und Kollegen, Einsatz für eine enge Gemeinschaft

Jupiter im elften Haus:	Gemeinschaftssinn, soziale Gerechtigkeit, Entfaltung im engen Kreis, Logenführung
Saturn im elften Haus:	Geheimbünde, Sozialgewissen, Einsicht in die Notwendigkeit, Reformbremsung
Uranus im elften Haus:	Originalität im Freundeskreis, Reformeifer, Public-relation-Begabung
Neptun im elften Haus:	Freundschaftsenttäuschungen, Freundschaftsinspiration, Herdentrieb
Pluto im elften Haus:	Anspruch auf Teamführung, Machtsinn
Zu starke Betonung des elften Hauses:	Reformen um jeden Preis, Teamabhängigkeit, Himmelsträume, Ikaruswünsche, Auflehnung gegen Bevormundung

Zwölftes Haus

Einordnung:	Angleichendes Haus, anpassend
Ausrichtung:	Seelisch
Grunddeutung:	Abgeschlossenheit
Maßgebender Planet:	Neptun
Urzeichen der Färbung:	Fische
Grundrichtung:	Außen-Ich, die Bilanz
Motivierung:	Sich besinnen
Aufgabe:	Zu sich finden
Lebensbereiche:	Abgeschlossenheit, Eingesperrtsein, die Zelle, Krankenhaus, Gefängnis, Kloster, Klausuren, Regenerationsstätten, Verschlossenheit, Geheimnisse, alle Einsamkeitsbereiche
Sonne im zwölften Haus:	Zurückziehung, Abgeschlossenheit, sich nicht öffnen, Bilanzstärke, Erforschungen

	im Geheimen, Erfindergabe, geheime Macht, der Mann im Hintergrund, Regenerationsstärke
Mond im zwölften Haus:	Okkultinteresse, seelische Inspiration, psychologische Ausrichtung, Hintergründe bewahren, Schweigsamkeit, Karma-Erlebnisse, Glauben an ein Weiterleben nach dem Tod, Hoffnung
Merkur im zwölften Haus:	Schweigsamkeit, Geheimnisse bewahren, Intrigen, detektivische Inspiration, Abwarten des richtigen Moments
Venus im zwölften Haus:	Zurückhaltung der Gefühle, Hingabe, geheime Liebschaften, Laster
Mars im zwölften Haus:	Unbewußte Aggressivität, Selbstschädigungen, Ausbruchversuche, Aussteiger
Jupiter im zwölften Haus:	Sinnsuche in der Stille, Märtyreraufgaben, den goldenen Schlüssel finden
Saturn im zwölften Haus:	Askese, Vereinsamung, Kraft aus dem Wissen von Schicksal und Karma
Uranus im zwölften Haus:	Intuitives Karma-Wissen, Notlösungen finden, Wege aus der Ausweglosigkeit
Neptun im zwölften Haus:	Ahnungsvermögen, Inspiration, Hellsichtigkeit, Medialität, Einfühlung
Pluto im zwölften Haus:	Geheimherrschaft, Umsturz, Auflehnung
Zu starke Betonung des zwölften Hauses:	Streben nach Läuterung, Messiasdrang, Selbstopfer, Schicksalspessimismus, Verzweiflung, sich ewig fremd fühlen

Schicksalspunkte

Die Bedeutung des Aszendenten in den zwölf Tierkreisabschnitten

Der Aszendent (wir haben über ihn ausführlich gesprochen) ist der aufsteigende Punkt des Horizonts im Horoskop, er fällt im Lauf von 24 Stunden in alle zwölf Tierkreisabschnitte. Der Aszendent ist ferner identisch mit dem ersten Grad des I. Hauses, und er zeigt uns an, wie sich die Geborenen der Umwelt zeigen, aber auch wie diese Menschen von der Umwelt gesehen werden. Im Grunde zeigt der Aszendent die Person, wie sie scheint, im Gegensatz zur Sonne, die anzeigt, wie der Mensch ist.

Es ist ein rechnerischer Punkt, der von Planeten zwar Aspekte empfängt, aber selbst keine Aspekte gibt. Es ist also ein empfangender Punkt, genau wie die Himmelsmitte, die Himmelstiefe und der Deszendent.

Dem Aszendent liegt der Deszendent (der absteigende Punkt, identisch mit dem ersten Grad des VII. Hauses) gegenüber.

Auch hier finden wir eine Aussage. Die nämlich, welche Aufgaben man jeweils den nahen Partnern gegenüber erfüllen sollte. Aszendent und Deszendent ergänzen sich, wie auch die Zeichen, die sich gegenüberliegen. Jede Färbung eines Zeichens strebt zur Oppositionsfärbung, um die Ergänzung zu finden. In der Astrologie ist alles auf die Opposition aufgebaut, wie wir dies beim Kapitel über die Aspekte noch näher erläutern werden.

Der Aszendent war einst, wie wir eingangs schon erwähnt haben, der Haupt- oder Ausgangspunkt jeder Deutung. Dies hat sich heute etwas zugunsten der Planeten (vor allem der Sonne und des Mondes) verschoben. Wir geben im folgenden die Hauptbedeutungen wieder:

Aszendent in Widder:
Wollen in der Umwelt, energisches Auftreten, Ehrgeiz, Zielbewußtsein, Streitsucht

Deszendent in Waage:
Dem Partner Harmonie vermitteln, taktvoll, diplomatisch, ihm auch künstlerisch helfen

Aszendent in Stier:
Lebensfreude ausstrahlen, aber auch ein Sicherheitsstreben, eigensinnig, doch auch gemütlich

Deszendent in Skorpion:
Opferbereitschaft zeigen, Leidenschaftlichkeit und mutigen Glauben bieten

Aszendent in Zwillinge:
Lebhaftes Auftreten, Beweglichkeit, Wissensdurst und Wachheit sowie Kontakt zeigen

Deszendent in Schütze:
Dem Partner hohe Ziele offenbaren, Begeisterung entwickeln, an ihn glauben

Aszendent in Krebs:
Einfühlung in die Umwelt, Empfindsamkeit, Anlehnungswünsche, Launenhaftigkeit, Familiensinn, Milde

Deszendent in Steinbock:
Arbeit für den Partner, Vertrauen geben, Sicherheit, reale Ziele für diesen Partner anvisieren

Aszendent in Löwe:
Autoritäres Auftreten, Stolz, Großzügigkeit, Würde, andere für sich einspannen, delegieren

Deszendent in Wassermann:
Originelle Ideen für den Partner entwickeln, nie rosten, ihm stets eine neue Kulisse bieten

Aszendent in Jungfrau:
Ordentlich, sauber, zuverlässig, einfaches Auftreten, kritische Einstellung, Gründlichkeit

Deszendent in Fische:
Hingebend sein, anpassend an den Partner glauben, sich verführerisch und geheimnisvoll zeigen

Aszendent in Waage:
Harmonie, aber auch Unsicherheit, Geselligkeit, Diplomatie, lockendes Wesen, Geschicklichkeit

Deszendent in Widder:
Kampfbereitschaft für den Partner, mit Mut und Leidenschaft die schweren Wege vorangehen

Aszendent in Skorpion:
Eifer, Handlungsbereitschaft, Lebensangst und Überlebenswillen, Jähzorn, Entschlußkraft

Deszendent in Stier:
Dem Partner Sicherheit geben, aber auch Lebensfreude und Genuß bereiten, gemeinsam handeln

Aszendent in Schütze:
Soziale Einstellung, aber auch Führungsanspruch, Sport-, Naturliebe, Begeisterung, gewisse Weisheit

Deszendent in Zwillinge:
Aufgewecktsein, viel mit dem Partner sprechen, ihn mit steter Wachheit und Humor fesseln

Aszendent in Steinbock:
Konzentration, pokerhaftes Auftreten, praktische Anschauung, Zähigkeit, reales Zielbewußtsein

Deszendent in Krebs:
Einfühlsam und empfindsam reagieren, betreuende Hilfe geben, Vertrauen, Schutz bieten

Aszendent in Wassermann:
Originelle Ideen, oft verblüffendes Auftreten, Witz und Humor, Verzauberungs- und Einfallsgaben

Deszendent in Löwe:
Dem Partner Stolz zeigen, sich mit Autorität für ihn einsetzen, Großzügigkeit offenbaren

Aszendent in Fische:
Weichheit mit verborgener Härte, einfühlsamer Instinkt, Anfälligkeiten, mehr hören als sehen

Deszendent in Jungfrau:
Zuverlässigkeit und Ordnung vermitteln, Kritik für den Partner, tiefe Gespräche führen

Die Himmelsmitte in den Tierkreisabschnitten

(Himmelsmitte = Medium Coeli = im folgenden MC)

MC in Widder:
Ehrgeiz, starker Wille, etwas im Leben zu erreichen, Streben nach Führung und Spitzenfunktionen.
Gefahr: Fanatismus

MC in Stier:
Beharrlichkeit in der Zielverfolgung, langsames aber ständiges Durchsetzen, Ausdauer, aber auch Duldsamkeit.
Gefahr: Mißtrauen

MC in Zwillinge:
Vielseitige Ziele, kaufmännische Berufe, rasches Arbeiten, eigene Individualität der Außenwelt zeigen.
Gefahr: Oberflächlichkeit

MC in Krebs:
Seelische Durchsetzungskraft, Sehnsucht, etwas zu betreuen, Einfachheit im eingeschlagenen Weg zum Ziel.
Gefahr: Empfindlichkeit

MC in Löwe:
Hochgesteckte Ziele, Chefpositionen, Befehlsgewalt, Organisationsgabe, Reichtum als Zeichen der Macht.
Gefahr: Anmaßung

MC in Jungfrau:
Streben nach Ordnung und sicherer Lebensstellung, Fleiß und Zuverlässigkeit, philosophische Gedanken.
Gefahr: Neid

MC in Waage:
Harmonisches Streben, Protektion, Diplomatie im Beruf, Taktgefühl und gute Umgangsformen, Geschick.
Gefahr: Andere auszunutzen

MC in Skorpion:
Ehrgeiziges Streben, Angst, etwas nicht zu erreichen, stete Zeitnot, starker Erwerbssinn, Eigensinn.
Gefahr: Rücksichtslosigkeit

MC in Schütze:
Ideen, über sich hinauszuwachsen, starker Glaube an sich selbst, Streben nach Ansehen und Führung.
Gefahr: Geltungsdrang

MC in Steinbock:
Selbstvertrauen und Zeit haben, innere Sicherheit, sein Ziel zu erreichen, in der Realität verhaftet bleiben.
Gefahr: Einseitigkeit

MC in Wassermann:
Neuartige Ziele, Reformgedanken, Erfassen der sich bietenden guten Chancen, starker Berufswechsel.
Gefahr: Zersplitterung

MC in Fische:
Zurückhaltung gegenüber der Außenwelt, Wandlungsfähigkeit, Hingabe an ferne Welten und Horizonte.
Gefahr: Haltlosigkeit

Die Himmelstiefe in den Tierkreisabschnitten

(Himmelstiefe = Imum Coeli = im folgenden IC)

IC in Widder:
Aufbruchsgrundstimmung, Unruhe in der Jugend, früher Ehrgeiz

IC in Stier:
Sicherheitsbedürfnis als Grundlage des Lebens, frühe Genußneigung

IC in Zwillinge:
Lebhafte Jugend, früher Lerneifer, tiefes Kommunikationsbedürfnis

IC in Krebs:
Angst vor Schutzlosigkeit, starke Elternbindung, Empfindlichkeiten

IC in Löwe:
Starke Grundkraft, tiefe Überzeugung vom eigenen Wert, früher Stolz

IC in Jungfrau:
Angeborener Fleiß, der ins Gegenteil umschlagen kann, Genauigkeit

IC in Waage:
Harmoniewunsch von Kindheit an, sich schwer von Wünschen lösen

IC in Skorpion:
Ungerechtigkeiten als Schmerz empfinden, sich schwer entwickeln

IC in Schütze:
Tiefe Glaubenssehnsucht nach Geborgenheit, Schutz, aber auch Wissen

IC in Steinbock:
Reale Grundausrichtung, Geizen mit der eigenen Kraft, Sparsamkeit

IC in Wassermann:
Innere Unruhe von Jugend an, Verführungen ausgesetzt, Ikarus-Träume

IC in Fische:
Zärtlichkeitsbedürfnis aus Angst vor der Welt, Hingabe an das Heim

Dies sind Stichworte, die zur eigenen Kombination Anregungen geben sollen. Sie haben sich in der »Klassischen Astrologie« bestens bewährt.

Die *vier rechnerischen* Punkte sind die wichtigsten. Von den sensitiven Punkten der alten Schulen, die heute zwar höchst umstritten aber doch bemerkenswert sind, sprechen wir noch. Zunächst geht es jedoch um die Mondknoten, besser gesagt: die Mondknotenachse.

Die Mondknotenachse

Alle neun Gestirne (ohne Sonne) wandeln um die Jahressonnenbahn, die Ekliptik oder den Tierkreis.

Der Mond hat dabei einen größeren Abstand von der Sonnenbahn, sein Lauf schneidet diese Bahn wellenförmig, wodurch Schnittpunkte zwischen Sonne und Mondbahn entstehen. Daher sehen wir auch den Mond mal steil oben am Himmel stehen, mal tief unten über dem Horizont.

Es gibt zwei Schnittpunkte:
Den aufsteigenden Schnittpunkt und
den absteigenden Schnittpunkt.

Beide liegen sich genau 180 Grad gegenüber. So bilden beide Schnittpunkte auch eine Achse, wie die vom Aszendent zum Deszendent, von der Himmelstiefe zur Himmelsmitte, oder wie alle anderen Häuserachsen.

Wenn nun einer der Punkte dieser Achse, also ein Schnittpunkt, in Konjunktion mit Sonne oder Mond fällt, haben wir eine Finsternis. Entweder eine Mond- oder eine Sonnenfinsternis. So ermöglichte es die Berechnung der Mondknotenachse, die Finsternisse einst im voraus zu bestimmen, worauf vor über 2000 Jahren sowohl die Pharaonen wie die chinesischen Kaiser sehr großen Wert legten.

Daher kommt auch der Name Ekliptik, der auf das Wort Eklipse zurückgeht, was nichts anderes als Finsternis heißt.

Eine Finsternis geht langsam vor sich und die Mondfinsternisse sind häufiger als die Sonnenfinsternisse.

Aber wenn sich Sonne *und* Mond verfinstern, sieht es immer so aus, als würde ein Untier am Himmel, ein Drachen, Sonne und Mond langsam verschlingen.

Deswegen wurden die Mondknoten auch Drachenkopf (aufsteigender Mondknoten) und Drachenschwanz (absteigender Mondknoten) genannt.

Das Zeichen für den aufsteigenden Mondknoten ist: ☊
Das Zeichen für den absteigenden Mondknoten ist: ☋

Die Mondknoten empfangen nur Aspekte, sie senden keine aus. Ihre Bedeutung ist *nur* auf die Häuser zu beziehen, da sie sich in den einzelnen Tierkreisabschnitten zu lange aufhalten. Außerdem sind sie stets rückläufig, das heißt, sie gehen gegen die Grundrichtung der Planeten.

Zwar können (außer Sonne und Mond) auch alle anderen Planeten rückläufig sein, aber nur für gewisse Zeiträume.

Rückläufigkeit (bei den Planeten steht ein »r«) bedeutet immer: Wiederholung, Nacharbeit, langsames Erreichen des Zieles in vielen, meist drei Anläufen.

Der aufsteigende Mondknoten bedeutet:
Expansion, Entfaltung, Streben, Extrovertiertheit, kurz:
er hat jupiterhaften Charakter

Der absteigende Mondknoten bedeutet:
Verwurzelung, Konzentration, feste Bindung, Introvertiertheit,
kurz: Er hat saturnischen Charakter

Die anderen Knoten der Planeten können vergessen werden.

Die Aspekte

Die Aspekte oder die Anblicke der Planeten und Gestirne untereinander werden selbst von erfahrenen Astrologen als das schwierigste Kapitel in der Astrologie empfunden.

Zum einen gibt es heute fast unzählige Aspekte, mehr als Tierkreisabschnitte, Planeten und Häuser zusammen; dann bereitet auch der Orbis, also der Umkreis, für die Aspektausdehnung einige (berechtigte) Schwierigkeiten.

Das Gefährliche an den Aspekten ist, daß sie zumeist in *gute* oder *schlechte* Aspekte eingeteilt werden, wenn man heute dafür auch gerne die Worte »harmonisch« und »unharmonisch« gebraucht, doch ändert dies nichts an der Grundzuordnung. Allerdings wurde eine solche Klassifizierung schon im Mittelalter vorgenommen, da einige Planeten »Unheilverkünder«, andere »Wohltäter« sein sollten.

Aber die guten alten Astrologen, wie etwa Kepler, differenzierten gerade dann bei den Aspekten doch sehr, wie sich Kepler auch grundsätzlich gegen jede Verteufelung in der und gegen die Astrologie heftigst verwehrte. Für ihn waren die sogenannten bösen oder schlechten Aspekte nichts anderes als Herausforderungen.

Die Lehre von den Aspekten scheint viel schwieriger als sie eigentlich ist. Wenn sich die heutigen Astrologen oder Liebhaber der Astrologie wieder auf die Klassik in der Astrologie besinnen und sich die Herkunft der Aspekte zu ihrer individuellen Deutung zu eigen machen, dann sind die Aspekte leicht umsetzbar und geben gute Ratschläge.

Die Aspekte haben ihren wahren Ursprung in den unterschiedlichen Färbungen der Tierkreisabschnitte. Das bedeutet: Jeder Planet, der in ein anderes Tierkreiszeichen tritt, verändert seine Erscheinung. Er wirkt anders. Alle 30 Grad also verändert sich seine Symbolik. Die Alten gingen davon aus, daß dies der Ausgangspunkt aller Aspekte wäre. Wir hätten demnach alle 30 Grad einen Ausblick. Der Himmel zeigt es uns: Angenommen wir haben Dunkelmond. Der Mond steht bei der Sonne, dann ist er für uns Menschen nicht sichtbar. Natürlich gibt es den Mond am Himmel noch, aber er ist von der Sonne verbrannt.

Ist nun der Mond 30 Grad von der Sonne weggewandelt, dann ist er in Sichelform sichtbar. Er ist »neu« am Himmel, daher der Ausdruck »Neumond«. (Heute heißt Neumond, was früher als »Dunkelmond« bezeichnet wurde.) Nach weiteren 30 Grad (insgesamt also 60 Grad) hat der Mond schon wieder ein anderes Aussehen, die schmale Sichel wurde zu einer dicken Sichel, und während der Mond dann weitere 30 Grad am Himmel gewandelt ist, erscheint er als Halbmond (mal ab-, mal zunehmend). Ein weiterer Punkt, der zu den »klassischen« Aspekten führte, war die Tatsache, daß die alten Astrologen alles am Himmel als Einheit sahen. Sie wußten, die Planeten stehen alle stets miteinander in Beziehung. Sie sahen sich also an. Die Frage war nur, von welchem Zeichen zu welchem.

Das oben geschilderte Zusammenspiel von Sonne und Mond (steht der Mond der Sonne genau in Opposition gegenüber, ist er als Vollmond in seiner ganzen Pracht zu sehen) wurde auf die anderen Planeten übertragen.

Die Planeten hatten also nach den Auffassungen der urklassischen Astrologen stets Aspekte miteinander. Daher mußte man sich auch auf die Aspekte beschränken, die jeweils 30 Grad auseinander lagen, da der Orbis selbst überhaupt *keine* Rolle spielte. Wie sah das aus?

Standen Mond und Sonne in einem Zeichen, hatten sie eine Konjunktion, egal wie groß der Abstand zwischen ihnen war. Egal also auch, ob der Mond bei 1 Grad Krebs, die Sonne bei 26 Grad Krebs stand. War der Mond zweieinhalb Tage später in den Abschnitt Löwe gewandert, handelte es sich um den 30-Grad-Aspekt, egal ob die Sonne bei 29 Grad Krebs und der Mond bei 5 Grad Löwe zu finden war. So ging es weiter; das Entscheidende waren nur die *Tierkreisabschnitte* mit ihren Färbungen.

Die Färbungen waren ja einst viel lebenswichtiger als heute, wenn man nur bedenkt, welche Widersprüche des Klimas sich für die Menschen zeigten, etwa Sommer und Winter oder Frühling und Herbst. Gleichzeitig aber ergänzten sich diese widersprüchlichen Jahreszeiten auch, da im Herbst das Laub von den Bäumen fallen muß, damit der Boden Humus bekommt, um im Frühling wieder neues Leben zu gebären.

Noch heute arbeiten viele Astrologen mit diesen sogenannten Element-Aspekten im Gegensatz zu den rechnerischen Anblicken. Dies gilt aber nur für die Grunddeutung, für die Vorausschau ist schon ein beschränkender Orbis notwendig, weil sonst kleinere Zeitabschnitte einfach nicht über Aspekte zu erfassen wären. Das Problem ist jedoch die Größe der Orbes.

Es gibt nur eine logische Begründung für die Größe eines Orbis: Wenn der Mond sich auf zehn Grad der Sonne nähert, dann verschwindet er vom Himmel. Er taucht erst wieder auf, wenn er um zehn Grad an der Sonne vorbeigewandelt ist. Dies gilt auch für die anderen Planeten. Daraus kann der Schluß gezogen werden: Sonne und Mond haben einen Orbis von je zehn Grad. Später ergaben sich dann bei den anderen Planeten Abstufungen. Alle anderen Orbes aber sind nicht logisch genug begründet. Da sagt man etwa, der Tageslauf, also die Strecke, die ein Planet am Tage zurücklegt, wäre ein Orbis. Jedoch verändert sich der Tageslauf täglich, also ist dieser Orbis in der Praxis nicht anzuwenden. Dies hieße ferner, daß Jupiter nur rund 5 Bogenminuten Orbis hätte oder Saturn nur 4 Bogenminuten, was aber in der Praxis nicht standhält, zumal es Tage gibt, da beide sich nur um Bogensekunden weiterbewegen, so daß kein Durchschnittswert gefunden werden kann. Auch hätte die Sonne im Sommer, wo sie nachweisbar die meiste Kraft besitzt, einen kleineren Orbis als im Winter, da sie am schnellsten läuft und so den größeren Orbis hätte.

Halbwegs logisch wäre noch der Orbis von 2 Grad und 30 Bogenminuten zu erklären, da er der Größe eines Sektors im Tierkreisabschnitt entspräche. So wie man den Sonnenjahresweg in zwölf Abschnitte zerlegt hatte, teilte man nun auch jeden Abschnitt in zwölf Sektoren ein. Da 30 durch 12 gleich 2 Grad und 30

Bogenminuten ergibt, hätten wir diesen Orbis. Er müßte allerdings für alle Planeten genommen werden, sowohl für den Schnelläufer Mond wie für die langsamsten Planeten Neptun oder Pluto, und das wiederum geht nicht und wird auch durch die Erfahrung nicht bestätigt.

Wir halten uns deswegen bei den Orbes so ausführlich auf, weil sich gerade hier die Entwicklungen von der klassischen Astrologie zur sogenannten modernen Horoskopie gravierend unterscheiden. Seit Einführung der Computer, die es ermöglichen, auf Zehntelsekunden zu rechnen, werden die alten Anblicksbilder außer acht gelassen.

Die klassischen Astrologen haben *noch* zum Himmel geschaut, ja schauen müssen, während heute ein Astrologe kaum noch in die Gestirnberechnungstafeln, die Ephemeriden, schaut, wo die Gestirnsstände verzeichnet stehen, weil er sich alle möglichen Horoskope über einen Computer ausrechnet oder erstellen läßt.

Mit dem Aufkommen der Schulen und weil die Astrologen es den Naturwissenschaftlern recht machen wollten (wenn auch meistens vergeblich), wurden neue Aspekte geprägt und im Grunde abgeschafft.

So wurde der Tierkreis durch die Zahl der zwei Lichter (Sonne und Mond) geteilt, um zu Aspekten zu kommen.

Beispiel:

360 Grad oder Null-Grad stellt einen Aspekt dar.
360:2 ergibt den nächsten Aspekt, nämlich den 180 Grad-Aspekt.
180:2 ergibt den nächsten Aspekt, nämlich den 90 Grad-Aspekt.
90:2 ergibt den nächsten Aspekt, nämlich den 45 Grad-Aspekt.
45:2 ergibt den nächsten Aspekt, nämlich den 22,5 Grad-Aspekt etc.
Hier ist dann das Himmelsbild völlig außer acht gelassen worden, aber Astrologie ist und bleibt *Bild*-Sprache.

In den modernen Schulen wurden dann noch Scheiben eingeführt. So die 90 Grad-Scheibe (Kreis) oder die 30 Grad-Scheibe. Man sollte durch eine schnelle Übersicht die Beziehung zwischen den

Planeten sehen. Aber es konnte nicht mehr die Ur-Beziehung erschaut werden, da auf einer solchen Scheibe etwa Konjunktion, Opposition oder Quadrate gleich erscheinen. Deswegen die Behauptung, daß die Aspekte ausgelöscht wurden. Man schaue sich den nächtlichen Himmel an: Es macht schließlich einen großen Unterschied, ob der Mond bei der Sonne steht, also nicht zu erblicken ist, oder ob er der Sonne gegenüber steht, wobei er als Vollmond so groß wie die Sonne erscheint (ohne es zu sein).

Wenn wir zunächst alle Aspekte zeigen, die zum Teil benutzt werden, dann nur zur Orientierung; und auch, um damit die klassische Astrologie aufzuwerten.

Wer sich für dieses Thema spezieller interessiert und sich weiterbilden möchte, der sei auf das ausführliche Literaturverzeichnis hingewiesen.

Ordnen wir zunächst die Aspekte nach den Gradzahlen, also danach, nach wieviel Grad (und Bogenminuten) ein neuer Aspekt auftaucht.

Übersicht über die häufigsten Aspekte

(die jedoch nicht als klassische Aspekte zu bezeichnen sind)

Grad	*Name*
00° 00′	Konjunktion (zusammen in einem Zeichen stehend)
02° 30′	Sektor-Aspekt (schon erläutert)
03° 20′	Der individuelle Aspekt (ergibt sich aus der Drittelung eines Tierkreiszeichens in 3 Dekane, wonach dann das Dekan, 10 Grad groß, noch einmal gedrittelt wurde)
22° 30′	Viertel-Quadrat
30° 00′	Confinis (oft als Halbsextil bezeichnet)
36° 00′	Semi-Quintil
40° 00′	Nonagon (in Indien sehr wichtig, wird noch erläutert)
45° 00′	Halb-Quadrat
51° 00′	Septil
60° 00′	Sextil
72° 00′	Quintil
90° 00′	Quadrat
103° 00′	Biseptil
108° 00′	Tredezil oder Sesquintil

120° 00′ Trigon
135° 00′ Anderthalb-Quadrat
144° 00′ Biquintil
150° 00′ Quincunx
154° 00′ Triseptil
180° 00′ Opposition

Dies ergibt »nur« 18 Aspekte, welche nicht einmal alle genau sind, etwa das Septil, da man zu den Graden noch rund 35 Bogenminuten hinzuzählen müßte. Außerdem gibt es noch neuere Aspekte, die die Vielfalt (oder den Wirrwarr) vermehren. Die Aspekt-Expansion hat zur Folge, daß viele Aspekte sich gegenseitig ausschließen, sich überlappen, selbst bei kleinen Orbes. Die meisten Aspekte kommen durch irgendeine Teilung des Tierkreises zustande, die oft willkürlich erscheint. Es gibt allerdings eine Ausnahme, nämlich die Teilung 360 Grad durch 9 gleich 40°. Dieser Aspekt spielt in der Hindu-Astrologie eine wichtige Rolle. Die Inder nämlich rechnen noch immer mit dem Mond als Hauptgestirn. Der Durchschnittswert des Tageslaufs vom Mond liegt bei 13° und 20′. Teilen wir die 360° durch 13° 20′, bekommen wir das Ergebnis von 27. Der Tierkreis wurde nun in 27 Mondstationen gegliedert. Drei Mondstationen ergeben nun (3 mal 13° 20′) 40 Grad. Die Zahl 9 war deswegen so wichtig, weil sie die letzte Einzelzahl ist, aber auch das Ergebnis aus 3 mal 3, also die Multiplizierung der heiligen Schöpferzahl 3.

Für die Wichtigkeit dieses Aspektes spricht eine Sternenweisheit aus der Zeit des alten Babylon:

»Am 27. Tag *teilen* sich Sonne und Mond in die Bestimmung der Geschicke des Landes und geben *Orakel*.« (Bibel, u. a. Hesekiel 4/5 u. 4/6)

Ein früher Hinweis, daß schon vor uralter Zeit die Zukunft aus den Sternen herausgelesen und verkündet wurde. Aber es handelte sich hier noch nicht um *individuelle* Horoskope, sondern um Staatshoroskope oder um Bilder für die Herrscher und Fürsten.

27 Tage entsprechen übrigens auch dem siderischen Mondumlauf, der nicht nach den Mondphasen, sondern nach dem Zeitraum von Stern zu Stern gemessen wird oder etwa von 00 Grad Widder zu 00 Grad Widder.

Da man die 27 Mondstationen durch 3 teilte, um zu 9 gehobenen Mondstationen zu kommen, teilte man dann nach dem Prinzip »Ein Teil gehört zum Ganzen wie das Ganze zum Teil« in der abendländischen Astrologie nicht nur den Tierkreisabschnitt von 30 Grad in 3 Dekane zu je 10 Grad, sondern diese 10-Grad-Dekane wurden dann wiederum durch 3 geteilt, was zu einem 3° 20′-Aspekt führte. Bei diesem Aspekt, der heute kaum mehr beachtet wird, sollen die persönlichen Veränderungen im Verlauf einer gesellschaftlichen Entwicklung zu erkennen sein. Dies ist jedoch nach der Praxis kaum nachvollziehbar. Nachvollziehbarer zeigt sich dagegen der 40-Grad-Aspekt, also die Neunerteilung des Tierkreises, beziehungsweise die Summe von 3 Mondstationen à 13 Grad und 20 Bogenminuten, was auch 9 wichtige Punkte im Horoskop ergibt. Diese wären alle 40 Grad zu finden, wobei mit der Zählung bei 00 Grad Widder angefangen wird. Das hieße also: 00 Grad Widder, 10 Grad Stier, 20 Grad Zwillinge, 00 Grad Löwe, 10 Grad Jungfrau, 20 Grad Waage, 00 Grad Schütze, 10 Grad Steinbock und 20 Grad Wassermann.

Auffallend, daß hier stets die Anfangsgrade der Feuerabschnitte berührt werden, die Erdzeichen bei 10 Grad, die Luftzeichen bei 20 Grad, während die Wasserzeichen keine *gehobene* Mondstation aufweisen.

Bevor wir uns nun den klassischen Aspekten zuwenden, soll noch erwähnt werden, daß die klassischen Astrologen früher gewisse Begriffe verwendeten, die für die Ausdeutung eines Horoskopes sehr hilfreich sind, weswegen wir sie hier erwähnen wollen.

Aspektbegriffe der klassischen Astrologie

1. Der Parallel-Aspekt

Die Ekliptik oder der Tierkreis, auf dem alle Planeten wandeln, besitzt eine gewisse Bandbreite von zirka 6 Grad nach Norden zum Nordpol hin oder nach Süden zum Südpol, jeweils vom Äquator aus gemessen. Folglich wandeln alle Gestirne nicht genau (wie schon beim Mondknoten erwähnt) auf der Erd-/Sonnenbahn. Die Abstände werden in den Ephemeriden unter dem Stichwort »Deklination« angegeben. Deklination bedeutet also die jeweilige Abweichung. Daher nennt man den Parallel-Aspekt auch Deklinations-Aspekt.

Warum aber nun Parallel-Aspekt? Stehen zwei Planeten im *gleichen* Winkelabstand, egal ob nördlich oder südlich von der genauen Bahn der Erde um die Sonne, wurde angenommen, daß diese Planeten zusammenarbeiten, als stünden sie in einer Art von Konjunktion zusammen. Winkel messen Breiten. Und wir kennen in der Astrologie mehrere Breiten. Die ekliptikale Breite, der Abstand von der Ekliptik. Die lunare Breite, der Abstand vom Mondäquator. Die heliographische Breite, der Abstand vom Sonnenäquator. Die galaktische Breite, der Abstand von der Milchstraßenebene (die letzteren sind unwichtig).

2. Kollektion von Licht

Die Klassiker arbeiteten noch mit dem Begriff »Kollektion von Licht«, hinter dem sich die Feststellung verbirgt, daß ein Planet mehrere Aspekte oder Anblicke empfängt beziehungsweise gibt.

Einst bestand sogar die Ansicht, daß der Planet, der die größte Kollektion von Licht empfängt, auch der mächtigste wäre. (Eine Ansicht, die hier nur zur Diskussion gestellt sein mag.) Es entwikkelten sich auch (zusammen mit den Phasen des Mondes am Himmel, die gut erschaubar waren) die Begriffe »Abnahme von Licht« oder »Zunahme von Licht«. *Vor* einer genauen Opposition handelte es sich etwa um eine Zunahme von Licht, *nach* einer Opposition um eine Abnahme. Für alle Phasen von einer Konjunktion bis zur Opposition gilt: Zunahme des Lichts, beziehungsweise von einer Opposition bis zur Konjunktion: Abnahme des Lichts.

3. Verbrennung

Verbrennung heißt, daß ein Planet sich sehr nahe der Sonne befindet, also in Konjunktion. Hier gilt dann der Planet als von der Sonne verbrannt. Dies erleben ganz besonders oft der Mond, aber auch der Merkur, weil dieser immer nahe der Sonne steht und ausgesprochen schwer am Himmel zu sehen ist. Der Mond kann *alle* Quadrate zur Sonne haben, der Merkur nur eine Konjunktion, einen Sektor-Aspekt, den individuellen Aspekt und einen Confinis.

Eine Verbrennung gilt in der Regel nur für Konjunktionen mit der Sonne, aber es gibt Praktiker, die meinen, daß jeder langsamere Planet einen schnelleren, der in seine Nähe kommt, verbrennt, worauf wir bei der Konjunktion noch zu sprechen kommen werden.

4. Beschädigung

Als beschädigt galt ein Planet, der von einem sogenannten Übeltäter »angegriffen« wurde. Schon der Name »Angreifer« zeigt die einstige Grundauffassung, die sich bis heute erhalten hat, daß Planeten in die Bereiche anderer Planeten durch Aspekte eindringen. Übeltäter waren einst Mars und Saturn, heute auch noch Uranus, Neptun und Pluto.

Diese Beschädigung konnte *aufgehoben* werden, wenn ein Wohltäter (also Sonne, Jupiter oder Venus) zu dem beschädigten Planeten einen Aspekt warf.

5. Destruktion

Unter Destruktion wurde eine Figurine von drei (vor allem langsamen) Planeten in naher Konjunktion verstanden. Diese Kräfte, von den Planeten symbolisiert, würden sich immer im Wege stehen, sich ständig selbst ein Bein stellen, und zwar ein ganzes Leben lang, weil sich eine solche Konjunktion (bei den langsamen Planeten) kaum je auflösen dürfte. Alle gar zu gedrängten Konjunktionen waren den Klassikern stets verdächtig, was besonders bei dem nächsten Begriff deutlich wird.

6. Stellatium

Als Stellatium bezeichnet die klassische Astrologie eine Zusammenballung oder Anhäufung mehrerer Planeten in einem Haus oder in einem Quadranten. Sie bedeutet dann eine Konzentration oder eine Ballung von Ereignissen. Meist stehen sich die Planeten dabei auch im Wege, so wurde in der Regel auf eine Katastrophe geschlossen.

Entscheidend ist jedoch immer die Tierkreisfärbung eines Abschnittes. Wenn etwa Sonne, Mars und Jupiter mit Merkur in einem Feuerzeichen stehen, dann wäre dies nicht so gravierend für die Ballung der Kräfte, als stünden solche Feuerplaneten in einem Wasserabschnitt des Tierkreises.

Schwieriger ist es schon, wenn ein Stellatium in zwei Zeichen zu finden ist, da es sich ja hier um Nachbarschaftszeichen handelt, welche immer die gegensätzlichsten Zeichen sind, die es gibt. So prallen dann wirklich gegensätzliche Färbungen aufeinander und werden sich daher kaum helfen, sondern eher im Wege stehen oder sich gar bekämpfen.

Die Rückläufigkeit

Wir haben diesen Begriff bei der Mondknotenachse schon erwähnt. In der Regel wandern die Planeten *gegen* den Uhrzeigersinn. Nur sieht es manchmal so aus, als würden die Planeten zurück-, also im Uhrzeigersinn laufen. Dies geschieht immer dann, wenn die Planeten in Opposition zur Sonne oder vor beziehungsweise nach dieser Opposition stehen.

Obwohl die Rückläufigkeit nur *scheinbar* ist, also am Himmel nicht stattfindet, somit auch astronomisch keine Bedeutung hat, arbeitet die Astrologie mit diesem Bild. Astrologie ist Bildersprache, ist Anschauung.

Die Rückläufigkeit ist darum so wichtig, weil ein Planet, der ja eine Kraft symbolisiert, den gerade begangenen Weg nun noch einmal zurückgeht, so als hätte er etwas vergessen oder nicht erledigt, als müßte er noch etwas nachlernen. Die Planeten sammeln demnach in der Rückläufigkeit ihre Erfahrungen oder sie lernen *nach*. In dieser Hinsicht sind die Planeten dann auch zu deuten. (Sie sind mit einem »r« gekennzeichnet.) Dabei ist wichtig, daß Sonne und Mond *nie* rückläufig werden können, der Mondknoten jedoch *immer* rückläufig ist. Die Rückläufigkeit ist besonders bei der Deutung der Konjunktion wichtig, was noch behandelt wird.

Aber genauso wichtig ist die Rückläufigkeit im Grundhoroskop oder in der Zukunftssicht. Denn geht ein Planet während eines ganzen Lebens zurück, dann wird diese Kraft ewig (also für das Leben) nicht so richtig zum Zuge kommen können.

Es gibt zwischen Rückläufigkeit und Direktläufigkeit noch den Stillstand, der mit einem »d« gekennzeichnet ist. Stillstand beinhaltet die Gefahr der Nicht- (oder Kaum-)Entwicklung. Erkennt der Horoskopeigner jedoch seine Probleme, dann vermag er von sich aus bewußt gegenzusteuern und für diese Kräfte etwas zu tun.

Das Geheimnis der Astrologie lautet nun einmal:
Sich selbst erkennen, seine Stärken und Schwächen – und diese *Schwächen* dann zu *Stärken* wandeln.

Die traditionellen Aspekte

Die Klassische Astrologie kannte immer *acht* Aspekte. Heute können wir sagen: Wir haben so viele Aspekte, wie wir Planeten haben, da wir Sonne und Mond als Gestirne und weniger als Planeten ansehen und beurteilen.

Alle 30 Grad finden wir also einen Aspekt. Dazu kommt der Aspekt der Unaspektierung. Dies gilt jedoch nur für die rechnerischen Aspekte – also bei Berechnung eines Orbis. Bei den Elementar-Aspekten gibt es keinen unaspektierten Planeten, keinen ohne Anblick.

Die Übersicht

Grade	Aspektnamen	Grafisches Zeichen	Planetzuordnung
Konjunktion	= 00 Grad	= ⌒	Merkur
Sextil	= 60 Grad	= ✶	Venus
Quadrat	= 90 Grad	= □	Mars
Trigon	= 120 Grad	= △	Jupiter
Opposition	= 180 Grad	= ☍	Saturn
Confis	= 30 Grad	= ⚺	Uranus
Quincunx	= 150 Grad	= ⚻	Neptun
kein Aspekt			Pluto

Die Konjunktion

Abstand 00 Grad, mit einem gewissen Orbis
Planet: Merkur
Ausrichtung: Basis- oder Gemeinschafts-Aspekt

Eine Konjunktion ist nur dann echt, wenn die Planeten im gleichen Zeichen stehen.

Reicht die Konjunktion von den Endgeraden eines Abschnittes in die Anfangsgerade des folgenden Abschnittes, handelt es sich um eine Konjunktion mit Confinis-Charakter. Dies deutet mehr auf eine zerrissene Gemeinsamkeit hin.

Bei der Konjunktion ist insbesondere zu beachten, ob der *schnellere* Planet auf den langsameren zuläuft, sich ihm also quasi unterwirft, oder ob er wegläuft, sich also lösen möchte. Man spricht dann auch von einem Befreiungsversuch.

Bei *jedem* Aspekt bestimmt der *langsamere* den genauen Aspektpunkt.

Das Zulaufen nannte man früher die Application oder die Zuwendung, das Weglaufen oder Lösen wurde als Separation (Trennung) betrachtet. Der Applications-Aspekt wird folglich erst nach der Geburt genau, während der Separations-Aspekt vor der Geburt exakt war. Die Karma-Astrologie geht davon aus, daß der Applications-Aspekt für das künftige Leben aktuell ist, der Separations-Aspekt dagegen für das Vorleben.

Jeder muß hier seine eigenen Erfahrungen zu Rate ziehen. Bei der Grunddeutung wird immer der Applications-Aspekt als gravierender angesehen, bei der Vorhersage jedoch verhält es sich genau umgekehrt.

In der Regel zeigt die Konjunktion eine breite Basis an, die jedoch zur Einseitigkeit führen kann.

Der Planet Merkur als »Herrscher« über diesen Aspekt zeigt an, daß die Kräfte in der Konjunktion lernen müssen, miteinander gut auszukommen, um gemeinsam wirken zu können.

Confinis

Abstand 30 Grad, mit einem gewissen Orbis (in der Regel halb so groß wie sonst)

Planet:	Uranus
Ausrichtung:	Zerrissenheit, Gegensätzlichkeiten

Ein Confinis ist nur dann echt, wenn er sich über zwei Abschnitte erstreckt. Es gibt auch Confinis-Aspekte in *einem* Zeichen, etwa von 1 Grad Krebs zu 29 Grad Krebs. Dann handelt es sich um einen Confinis mit Konjunktions-Charakter, was bedeutet, daß die Zerrissenheit nicht so stark ist.

Auch beim Confinis ist auf die Application und Separation zu achten. Bei der Zuwendung wird sich die Zerrissenheit in Grenzen halten, weil sich ja der schnellere Planet dem langsameren unterwirft. Bei der Separation dagegen ist die Zerrissenheit sehr deutlich, also weitaus schwerer zu überwinden.

Der Planet Uranus als »Herrscher« über diesen Aspekt zeigt an, daß die zerrissenen Kräfte über eine Intuition zusammengeführt werden, so daß aus der Zerrissenheit schöpferische Kraft entsteht.

Sextil

Abstand 60 Grad, mit einem gewissen Orbis
Planet: Venus
Ausrichtung: Ergänzung über Gefühl und Harmonie

Ein Sextil ist nur dann echt, wenn die Planeten des Sextils in zwei Abschnitten stehen, zwischen denen noch ein Zeichen steht. Sextile können Confinis- und Quadrat-Charakter haben. Geht ein Sextil nur zwischen zwei Zeichen, etwa von 2 Grad Löwe zu 28 Grad Jungfrau, dann haben wir es mit einem Sextil zu tun, das Confinis-Charakter aufweist. Geht ein Sextil jedoch von 29 Grad Steinbock zu 1 Grad Widder, dann haben wir es mit einem Quadrat-Charakter zu tun. Echte Sextile kommen immer aus den Zeichen, die sich ergänzen: Also Erd- zu Wasserzeichen (oder umgekehrt) wie Feuer- zu Luftzeichen (oder umgekehrt).

Auch beim Sextil geht es um die Trennung (Separation) oder den Zulauf (Application), wenn dies auch nicht mehr so wichtig ist wie bei einer Konjunktion oder einem Confinis-Aspekt. Im Sextil sind die Planeten voneinander schon unabhängiger. Der Planet Venus als »Herrscher« dieses Aspektes ermuntert die Horoskopeigner, mit

Liebe, Gefühl, Ästhetik oder Kunstsinn die Planeten des Sextils zu verbinden.

Das Sextil ist allerdings nur ein Begabungs-Aspekt. Jede Begabung braucht Pflege und Training.

Quadrat

Abstand 90 Grad, mit einem gewissen Orbis
Planet: Mars
Ausrichtung: Kreuzungs-Aspekt, Krise (von Krisis = Entwicklung)

Ein Quadrat ist nur dann echt, wenn zwischen den beiden Planeten des Quadrates *zwei* Zeichen liegen. Ein Quadrat kann einen Sextil-Charakter haben, etwa wenn der eine Planet auf 1 Grad Stier, der andere auf 27 Grad Krebs steht, aber auch einen Trigon-Charakter, wenn ein Planet von 2 Grad Wassermann auf einen Planeten, der auf 29 Grad Waage steht, einen Aspekt wirft. In beiden Fällen (Sextil- oder Trigon-Charakter) ist dann das Quadrat sozusagen *entspannt*.

Beim Quadrat kommt es auf die Kraft der Planeten an. Der Stärkere hat Vorfahrt. Er ist wichtiger, erst muß seine Kraft eingesetzt werden. Eine Sonne im Abschnitt Löwe ist immer stärker als ein Neptun im Abschnitt Stier. (Hier sei auf weiterführende Literatur zur Lehre der Kombinationen hingewiesen, siehe Literaturverzeichnis.)

Kepler betrachtete das Quadrat als Herausforderung. Das ist richtig, um das Quadrat kommt keiner herum.

Der Planet Mars als »Herrscher« dieses Aspektes gibt uns Kraft, Willen und Energie, um diesen Konflikt mutig, aber ohne Gewalt zu lösen. Es handelt sich um Hemmungen, die meist mit einer Überreaktion überwunden werden wollen, aber auch um einen Ausbruch nach einem Stau, der, zu gewaltig, zu Selbstschädigungen führen kann.

Das Quadrat ist der Aspekt der Krise, damit aber auch der Aspekt der Entwicklung. Horoskopbilder, in denen keine Quadrate zu finden sind, zeigen an, daß diesen Menschen meist (meist, weil man nie absolut urteilen soll) die notwendige Kraft fehlte, Krisen zu überwinden.

Die Angst vor Quadraten ist also falsch. Sind in einem Horoskop sehr viele Quadrate vorhanden, also vier oder fünf, so handelt es sich um Menschen, die man als Spätentwickler bezeichnet. Doch diese Spätentwickler haben dann auch genug Kraft, sich ein Leben lang einzusetzen und Energie zu entwickeln.

Die großen Persönlichkeiten aller Zeiten hatten oder haben in ihren Geburtsbildern sehr viele und sehr enge Quadrate. Je enger ein Quadrat oder je exakter, um so deutlicher die Wirkung, ein Umstand, der jedoch im Grunde für alle Aspekte gilt, aber im ganz besonderen Sinn für den Mars-Aspekt. Das Quadrat, ein Aspekt, bei dem Mut und Einsatzbereitschaft verlangt wird sowie die Erkenntnis, welcher der Planeten, die im Quadrat zueinanderstehen, die stärkere Kraft symbolisiert.

Trigon

Abstand 120 Grad, mit einem gewissen Orbis
Planet: Jupiter
Ausrichtung: Entfaltungstalent, Begabungsstütze

Ein Trigon ist nur dann echt, wenn die Planeten im gleichen Element stehen, also entweder stehen die Trigon-Planeten in Feuer-, Erd-, Luft- oder Wasserzeichen.

Es gibt auch ein Trigon mit Quadrat-Charakter: Steht etwa ein Planet auf 1 Grad Widder, ein anderer auf 29 Grad Krebs. Auch Trigone mit Quincunx-Charakter sind möglich. Beispiel: Ein Planet auf 28 Grad Stier, der andere auf 1 Grad Waage.

Ein Trigon mit Quadrat-Charakter darf nicht zu leicht genommen werden, mit Quincunx-Charakter werden eventuell über die Begabungen Täuschungen, die ernst genommen werden sollten, angezeigt.

Beim Trigon ist insbesondere auf die *Motorik* zu achten. Jedes

Element kennt drei Motorik-Richtungen: bewegend, fest und anpassend. Beim Trigon ist die Motorik immer unterschiedlich. Der »feste« Planet leistet meist Widerstand gegen Bewegung oder Anpassung, während sich bewegend und anpassend miteinander sehr viel leichter verstehen.

Das Trigon ist ein Entfaltungs-Aspekt, wie es auch Jupiter als »Herrscher« dieses Aspektes anzeigt. Es besagt aber auch, daß nur gefördert wird, wenn vorher Forderungen angenommen und erfüllt wurden. Darum geht es in erster Linie beim Trigon.

Quincunx

Abstand 150 Grad, mit einem gewissen Orbis (meist halb so groß wie sonst)
Planet: Neptun
Ausrichtung: Instinkt, Inspiration

Ein Quincunx ist nur dann echt, wenn es keinen Oppositions- oder Trigon-Charakter aufweist. Oppositions-Charakter finden wir, wenn die Planeten, die sich im Quincunx-Aspekt ansehen, in Oppositions stehen. Beispiel: ein Planet auf 28 Grad Löwe, der andere auf 1 Grad Wassermann. Trigon-Charakter finden wir, wenn die Planeten im gleichen Element stehen, jedoch im Fast-Abstand von 150 Grad. Beispiel: ein Planet auf 1 Grad Krebs, der andere auf 28 Skorpion. Im Oppositions-Charakter gibt es harte Annäherungsprobleme der Kräfte, im Trigon-Charakter geht die Annäherung leichter.

Beim Quincunx ist vor allem darauf zu achten, ob wir es mit einem Quincunx *vor* einer Opposition oder *nach* einer Opposition zu tun haben. Ausschlaggebend ist immer der genau Aspekt-Punkt, den der *langsamere* Planet angibt.

Beispiele: Pluto und Jupiter im Quincunx. Pluto steht auf 11 Grad Krebs. Die Opposition läge bei 11 Grad Steinbock. Steht Jupiter nun auf 10 Grad Schütze, dann ist er mit Pluto *vor* der Opposition im Quincunx verbunden. Stände er auf 11 Grad Wassermann, befände er sich *nach* der Opposition zu Pluto im Quincunx. Ein Vor-Quincunx vermag über die Endspurtkraft zum Ziel täuschen, ein Nach-Quincunx zeigt oft an, daß sich jemand auf seinen Lorbeeren ausruht.

Das Quincunx ist ein Aspekt, der über Täuschungen zur Inspiration, ja zu Hellsichtigkeiten führen kann.

Der Neptun als »Herrscher« über diesen Aspekt weist auf den richtigen Instinkt hin, der zur Lösung notwendig ist.

Opposition

Abstand 180 Grad, mit einem gewissen Orbis
Planet: Saturn
Ausrichtung: Ergänzung über einen langen Weg

Eine Opposition ist nur dann echt, wenn die Opposition keinen Quincunx-Charakter hat. Die Planeten müssen in den Oppositionszeichen stehen. Ist dies nicht der Fall, haben wir den Quincunx-Charakter. Etwa wenn ein Planet auf 1 Grad Jungfrau, der andere 27 Grad Wassermann zu finden ist. Ein Quincunx-Charakter kann über die richtige Ergänzung täuschen.

Eine Opposition zeigt die gleichen Elemente der Ergänzung wie die Sextile an. Also ist hier das Ziel zu suchen. Wir haben es mit einer Zielherausforderung zu tun.

Saturn als »Herrscher« dieses Aspektes zeigt an, daß Mühe und Anstrengung nie gescheut werden dürfen. Andererseits aber ist die Opposition kein »böser« Aspekt, sondern bringt dem Horoskopeigner Ziele und Aufgaben näher als jeder andere Aspekt.

Unaspektiertheit

Abstand unwichtig
Planet: Pluto
Ausrichtung: Ergänzungen von sich aus suchen, Stärken nutzen

Ein unaspektierter Planet zeigt eine ganz besondere Kraft. Er hat keine Bindungen, daher kann er fast rücksichtslos seine Kräfte ausspielen. Im Volksmund heißt dieser Aspekt heute der Junggesellen-Aspekt. Dies bedeutet, daß sich die Kraft mit allen anderen binden kann, weil sie in sich frei ist. Eine solche Kraft aber, und sei sie noch so stark, kann auf keine Hilfe rechnen. Hier kommt es allein auf den Horoskopeigner an. Er muß die Kraft bewußt und klug in sein Leben einbinden, er darf sie nicht allein wirken lassen.

Unaspektiertheit ist ein Einzelgänger-Aspekt. Aber der Einzelgänger muß nicht allein bleiben. Hier handelt es sich also um eine Warnung vor Alleingängen.

Pluto als »Herrscher« dieses Aspektes gibt große Durchsetzungskraft und ein gutes Machtbewußtsein für die jeweilige Kraft, die durch den Planeten symbolisiert wird.

Anschließend zeigen wir noch einmal das zuvor Erläuterte in einer Grafik zusammengefaßt: Zeichen, Häuser, Aspekte, Motorik, Elemente und rechnerische Punkte der klassischen Astrologie. (Abbildung siehe nächste Seite.)

Die wichtigsten Zeichen und Symbole in der Astrologie

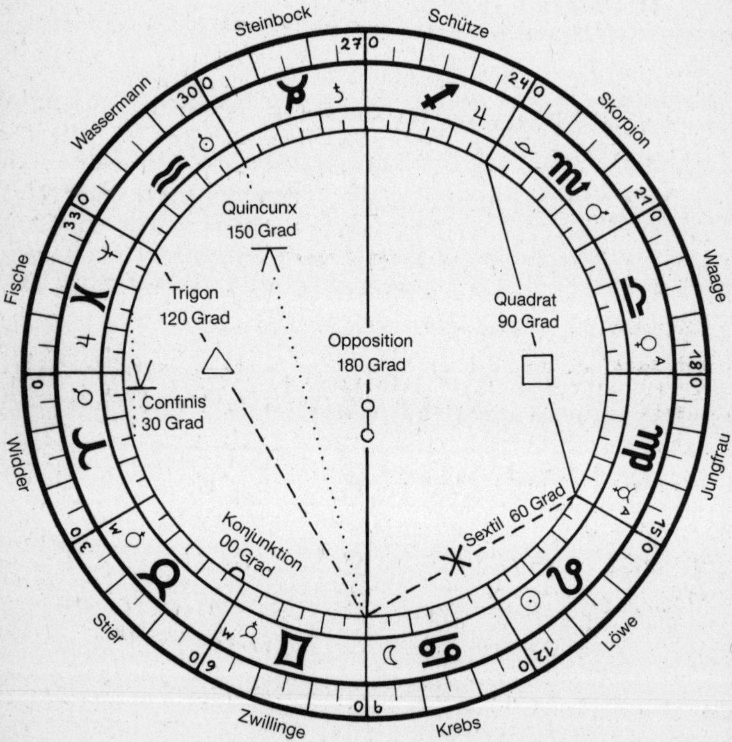

A = Aszendent
D = Deszendent
M = MC = Himmelsmitte
I = IC = Himmelstiefe

Häuser-Bezeichnungen:
I, IV, VII, X = Eckhäuser
2, 5, 8, 11 = feste Häuser
3, 6, 9, 12 = angleichende Häuser

I, 5, 9 = persönliche Häuser

3, 6, X = stoffliche Häuser

3, VII, 11 = geistige Häuser

IV, 8, 12 = seelische Häuser

Aspekte:

Konjunktion	=	00 Grad	=	⌒
Sextil	=	60 Grad	=	⚹
Quadrat	=	90 Grad	=	□
Trigon	=	120 Grad	=	△
Opposition	=	180 Grad	=	☍
Confinis	=	30 Grad	=	⚺
Quincunx	=	150 Grad	=	⚻

Gestirne:

Sonne	=	☉
Mond	=	☽
Merkur	=	☿
Venus	=	♀
Mars	=	♂
Jupiter	=	♃
Saturn	=	♄
Uranus	=	♅
Neptun	=	♆
Pluto	=	♇

Pr = progressiv
Sb = Sonnenbogen
Tr = Transit
} nur bei Jahreshoroskopen

Rechnerische (sensitive) Punkte

Sechs rechnerische Punkte im Horoskop, die wir als Hauptpunkte bezeichnen, haben wir bereits genannt und auch besprochen: Aszendent, Deszendent, Medium Coeli, Imum Coeli, schließlich den auf- sowie den absteigenden Mondknoten.

Nun haben die Araber im Laufe der astrologischen Geschichte und Entwicklung noch viele andere rechnerische Punkte in die Horoskopdeutung eingeführt, die im allgemeinen Gebrauch als *sensitive Punkte* bezeichnet werden.

Die klassische Astrologie hat sehr lange mit diesen Punkten gearbeitet, während heute fast nur noch, wenn überhaupt, mit dem Glücks- und dem Tot-Punkt (der auch Tod-Punkt geschrieben wurde) gerechnet und gearbeitet wird. Es sei eindringlich davor gewarnt, den Tot-Punkt mit dem Tod in Verbindung zu bringen. Es soll jedoch nicht geleugnet werden, daß viele Astrologen, von der altrömischen Zeit bis heute, versucht haben, die Lebensdauer und besonders den genauen Zeitpunkt des Sterbens aus dem Horoskop zu ersehen. Viele Legenden berichten davon, und es gibt auch manche Überlieferungen, daß einige Astrologen nur für sich den Moment ihrer Schwelle errechnet hätten. Meist ist dies nicht nachprüfbar, und manches wird später verklärt wiedergegeben, wobei vieles in Nebel getaucht erscheint.

Die Erfahrung zeigt, daß der Tod *nicht* im Horoskop steht, denn wer am gleichen Ort zur gleichen Zeit geboren wäre, müßte auch zur gleichen Zeit sterben. Das stimmt nun einmal nicht, dergleichen zu glauben, wäre sogar böser Fatalismus. Astrologie hat aber nichts mit Fatalismus zu tun, im Gegenteil. Astrologie hilft, das Leben nach den eigenen Kenntnissen und Begabungen, nach den eigenen Schwächen und Stärken zu gestalten. Der Tot-Punkt hat etwas mit

Neuanfängen im Leben zu tun. Er ist ein Besinnungspunkt, eine Klausur. Man zieht sich in sich zurück, denkt nach, um neu zu handeln und dem Leben neue Impulse abzugewinnen.

Die sensitiven Punkte gebrauchte übrigens schon Claudius Ptolemäus, der etwa in der Zeit von 90 bis 160 in Alexandria lebte und das erste vollständige Werk über die Astrologie verfaßte, welches bis zum Mittelalter *das* Lehrbuch schlechthin war. Seine Erkenntnisse haben teilweise ihre Gültigkeit bis heute nicht verloren. Von ihm stammt auch der erste Sternkatalog, in dem über 1000 Sterne festgehalten waren. Noch im Mittelalter wurde Ptolemäus als König der Astronomen *und* der Astrologen bezeichnet.

Die Araber, wie schon erwähnt, erfanden dann eine Vielfalt von sensitiven Punkten. Mit dem Ausdruck »sensitiv« ist gemeint, daß diese Punkte des Horoskops sehr empfindlich reagieren, daß hier also Planeten besonders wirken, wobei mit Wirkung keine zu messende Strahlung oder etwas in dieser Richtung gemeint ist.

Wie bei den Fernsonnen, den Fixsternen, ist hier von den Aspekten her, der Erfahrung nach, nur die Konjunktion, also ein direkter Übergang eines Planeten zu bemerken, andere Aspekte nicht! Manch scheinbarer anderer Aspekt ist in der Regel durch andere Konstellationen erklärbar.

Im Laufe der Geschichte wuchsen sich die sensitiven Punkte zu einer fast unübersehbaren Flut aus. Eine Invasion der Sensitiv-Punkte brachte diese in Verruf.

Insgesamt 72 Punkte kennt man, die gebräuchlich sind, aber es kommen (leider) immer wieder neue hinzu, andere wiederum läßt man dann dafür fallen.

Gerade *die* Astrologen, die, wie die Araber, das Rechnen obenan stellen, werden verführt, zu viele dieser imaginären Punkte in Gebrauch zu nehmen, um aus ihnen ganz besondere Ereignisse für die Zukunft zu finden. Davon hat sich die Mehrzahl der Astrologen gelöst, die immer noch, und bewährt, nach den Regeln der klassischen Astrologie arbeitet. Denn die Berechnungen sind zum Teil sehr unterschiedlich. Manche Astrologen rechnen nur nach einer einzigen Formel, andere gebrauchen eine Formel für die Tag- und eine andere für die Nachtgeburten. Auch hier gibt es in der Literatur gegensätzliche Formeln, und das ist ein Erbe aus der Zeit, da viel Wissen mündlich weitergegeben wurde, so daß Irrtümer folgerichtig waren, und nichts lebt solange wie ein Irrtum.

Ursprung der Findung der sensitiven Punkte war übrigens die Erkenntnis der alten Astrologen, daß der Aszendent der Ausgangspunkt jeder Deutung sei. Alle sensitiven Punkte werden vom Aszendenten aus berechnet. Voraussetzung ist allerdings, daß die Uhrzeit auf die Minute stimmt, denn eine Verschiebung von nur *einem* Grad läßt alles falsch erscheinen. Orbes gibt es keine, bestenfalls 10 Bogenminuten in jede Richtung.

In der uralten Geschichte der Astrologie herrschte ein langer Streit, welches Licht, die Sonne oder der Mond, als Hauptgestirn zu gelten hat. Ein Streit, der heute (wie erwähnt) noch fortgesetzt wird, wenn sich auch die abendländische Astrologie für die Sonne entschieden hat, im Gegensatz zur asiatischen Astrologie. Im Matriarchat herrschte der Mond, im Patriarchat dann die Sonne. Aber es blieb die Sonne als Tagherrscher und der Mond als Herrscher der Nacht. Diese Ansicht ist für die Berechnung der sensitiven Punkte übernommen worden, indem jeweils zwei Formeln, je nach Tageszeit der Geburt, verwendet werden, beispielsweise beim Glückspunkt, der immer noch als der beliebteste sensitive Punkt angesehen werden muß. Hier wird die Rechnung über den Aszendenten (wie bei jedem sensitiven Punkt) und Sonne und Mond vorgenommen. Bei Taggeburten *muß* die Sonne über der Horizontlinie, das ist die Linie vom Aszendenten zum Deszendenten, stehen. Bei Nachtgeburten *muß* die Sonne unter dieser Linie zu finden sein, handle es sich auch nur um Bogenminuten oder Bogensekunden.

Die Formeln für Tag- und Nachtgeburten wurden dann auch für alle anderen sensitiven Punkte beibehalten, die nicht mit Sonne und Mond arbeiteten.

Wenn wir jetzt zwei Berechnungsbeispiele für den Glückspunkt geben, muß vorher noch einmal etwas Grundsätzliches wiederholt werden. Der Tierkreis zählt 360 Grad. Jeder Grad wird in 60 Bogenminuten, jede Bogenminute in 60 Bogensekunden geteilt. Für die praktische Arbeit wurde der Tierkreis in *zwölf* Tierkreisabschnitte eingeteilt. Jeder Abschnitt umfaßt genau 30 Grad. Wir sprechen nun davon, daß die Sonne etwa auf 17 Grad im Abschnitt Krebs steht. Das bedeutet jedoch auch, daß vor dem Abschnitt Krebs vom Ausgangspunkt des Kreises, der bei 00 Grad Widder liegt, drei vollständige Tierkreisabschnitte zu je 30 Grad zu finden sind. Widder 30 Grad plus Stier 30 Grad gleich 60 Grad, plus Zwillinge 30 Grad ergibt 90 Grad. Null Grad Krebs sind also gleich 90 Grad im Tierkreis. Steht nun die Sonne auf 17 Grad Krebs, bedeutet dies, daß diese 17 Grad zu den 90 Grad hinzugerechnet werden müssen. 90 plus 17 ergibt 107 Grad. So können wir also entweder davon sprechen, daß die Sonne auf 17 Grad Krebs steht oder auf 107 Grad des Tierkreises. Diese Umrechnung kann und muß für jeden Grad eines Abschnittes vorgenommen werden, wollen wir einen sensitiven Punkt genau errechnen.

Man kann sich auch folgende Tabelle einprägen.

Z = *Zeichen* = 30, die dazu gezählt werden müssen.

Widder	= 0 Z	Stier	= 1 Z	Zwillinge	= 2 Z
Krebs	= 3 Z	Löwe	= 4 Z	Jungfrau	= 5 Z
Waage	= 6 Z	Skorpion	= 7 Z	Schütze	= 8 Z
Steinbock	= 9 Z	Wassermann	= 10 Z	Fische	= 11 Z

Die Formel für den »Glückspunkt« bei einer Tagesgeburt lautet:

Aszendent plus Mondstand minus Sonnenstand

Aszendent	bei 24 Grad Löwe	= 4 Z	= 120 + 24	=	144
+ Mond	bei 22 Grad Waage	= 6 Z	= 180 + 22	=	202
					346
– Sonne	bei 18 Grad Krebs	= 3 Z	= 90 + 18	=	– 108
Glückspunkt				=	238

238 entsprechen:
7 Z = 210, also 00 Punkt Skorpion.
Bleiben 28 Grad, folglich 28 Skorpion.

Als nächstes das Beispiel einer Nachtgeburt.

Die Formel lautet: Aszendent plus Sonne minus Mond:

Aszendent	bei 24 Grad Löwe	= 4 Z	=	120 + 24	=	144
+ Sonne	bei 18 Grad Krebs	= 3 Z	=	90 + 18	=	108
						252
– Mond	bei 22 Grad Waage	= 6 Z	=	180 + 22	=	202
						50

50 entsprechen
1 Z = 30, also 00 Grad Stier.
Bleiben 20 Grad, folglich 20 Grad Stier.

Wichtig ist nun, ob im Grundhoroskop ein Planet beim Glückspunkt steht oder nicht, und hier kommt es auf den Charakter der Planeten an. Jupiter entfaltet, Saturn beschränkt. Das heißt aber nicht, daß Saturn beim Glückspunkt Unglück bedeutet, sondern es geht allein darum, daß das Glück sich vielleicht nicht so häufig zeigt. Jupiter beim Glückspunkt warnt oft sogar davor, sich zu sehr auf das Glück zu verlassen. Hier muß also kombiniert werden. Wichti-

Sensitiver Punkt:	Taggeburt:		Nachtgeburt:	
Tot-Punkt:	AS + Mars	– Saturn	AS + Saturn	– Mars
Besitz:	AS + Jupiter	– Merkur	AS + Merkur	– Jupiter
Wissen:	AS + Mond	– Merkur	AS + Merkur	– Mond
Ruhm:	AS + Sonne	– Jupiter	AS + Jupiter	– Sonne
Reisepunkt:	AS + Mond	– Merkur	AS + Merkur	– Mond
Kunst:	AS + Merkur	– Venus	AS + Venus	– Merkur
Erbschaft:	AS + Mond	– Saturn	AS + Saturn	– Mond
Verrat:	AS + Neptun	– Sonne	AS + Sonne	– Neptun
Vorteile:	AS + Jupiter	– Sonne	AS + Sonne	– Jupiter
Einfälle:	AS + Merkur	– Uranus	AS + Uranus	– Merkur
Feinde:	AS + Mars	– Merkur	AS + Merkur	– Mars
Freunde:	AS + Jupiter	– Mars	AS + Mars	– Jupiter
Erotik:	AS + Venus	– Neptun	AS + Neptun	– Venus

ger zeigen sich diese Punkte, wenn überhaupt, bei Transiten oder Progressionen beziehungsweise Direktionen (siehe Anhang).

Zum Selbststudium wollen wir hier noch einige sensitive Punkte nennen, obwohl jeder mit dem Tot- oder Glückspunkt auskommen müßte, alle anderen sind der Erfahrung nach sehr umstritten.

Diese sensitiven Punkte jedoch heben, wenn sie alle angewendet würden, Aussagen der Häuser auf.

Wichtig noch: Ergibt sich bei der Berechnung einmal eine Endsumme über 360, dann müssen von dieser Summe 360 abgezogen werden. Ein Kreis kann nie mehr als 360 Grad haben. Bei 367 hieße dies: 367 – 360 = 7, also 7 Grad Widder.

Erwähnt wurden diese sensitiven Punkte vor allem deswegen, weil sie echter Bestandteil der klassischen Astrologie waren.

Hinweise für die Kombination

Die fünf Sockel der Astrologie wurden, wenn auch in Stichworten, recht umfassend dargestellt. Nun kommt es allein auf die Kombination an, die jeder für sich selbst lernen muß. Zwar gibt es Kombinationslehrbücher (siehe Literaturverzeichnis), aber hier hilft dann nur noch das stete Üben und die gemachten Erfahrungen, um weiter zu kommen. Man gehe folgendermaßen vor: Zuerst betrachte man das Geburtsbild und schreibe auf einen Stichwortzettel, was einem auffällt. Dann betrachte man das Verhältnis von Aszendent und Sonne. Schließlich wird jeder Planet

a) auf seine Kraftaussage
b) auf seine Färbung
c) auf seine Häuserstellung
d) auf seine Aspekte hin analysiert.

Die Fragen, die dann zu stellen sind, lauten: In welchem Gewand zeigt sich jede Kraft, wo und woher bekommt sie Unterstützung oder gewisse Hemmnisse. Was sagt mir mein Herkommen (IC). Was mein Berufungsziel (MC). Welche Aspekte fördern oder hemmen mein Auftreten (Anblicke zum Aszendenten). Welche Aufgabe habe ich zum Du zu erfüllen. Was hilft mir hier, was könnte mich hindern (Aspekte zum DC). Wenn man sich zu all diesen Fragen Notizen macht, dringt man schnell in die Materie ein.

Am besten ist es, alle Gedanken laut auszusprechen. Auch das Formulieren von Erkenntnissen will geübt sein. Der Ratsuchende will ja das Gesagte verstehen.

Eindringlich gewarnt sei vor den sogenannten Kochbüchern, die fertige Rezepte oder Aussagen liefern. Sicher gibt es viele Möglichkeiten nachzuschlagen, was zum Beispiel eine Opposition von Mars und Venus bedeutet. Aber diese Aussagen stimmen einfach nicht, können nicht stimmen. So sind in den meisten »Lehrbüchern« die Aspekte in »gut« oder »böse« eingeteilt und außerdem noch (was ja nicht anders möglich ist) schlagwortartig formuliert. Bei einer Opposition von Mars und Venus lesen wir in einem solchen Buch etwa: »Sexuelle Anziehung, aber nicht ohne Probleme.« Das ist schön formuliert, besagt aber nichts über die *Färbung* eines Planeten. Wir möchten dies verdeutlichen. Mars steht im Venuszeichen Waage, Venus im Marszeichen Widder. Antrieb also weich, Gefühl sehr kämpferisch. Dies ist völlig anders zu deuten, als wenn Mars in Widder und Venus in Waage steht, obwohl beides eine Opposition ist. Hier ist der Trieb also sehr aktiv und heftig, das Gefühl harmonisch und ausgleichend. Es hat also keinen Zweck, es sich leicht zu machen und nur nachzuschauen, zumal heute in den meisten Lehrbüchern Oppositionen und Quadrate (um nur ein Beispiel zu geben) gleiche Aussagen bekommen.

Jeder muß also seine Kombination finden. Vor allem ist Einfachheit geboten. Es hat keinen Sinn, nach Fremdwörtern zu suchen, oder sich besonders gescheit ausdrücken zu wollen. Wer zum Beispiel über Pluto liest, daß es hier um Kontemplation oder Metamorphose geht, der weiß fast nichts damit anzufangen. Zumindest läßt sich eine solche Formulierung im praktischen Sinn schwer umsetzen. Nur Übung allein macht den Meister. Außerdem ist es keine Schande, auch einmal danebenzuliegen. Das passiert den besten Astrologen.

Anhang I

Die Zukunft im Horoskop

Uralte Tradition der klassischen Astrologie war es auch, immer helfend in die Zukunft zu schauen, im Grunde der tiefere Sinn dieser Erfahrungswissenschaft. Es geht ihr nicht darum, irgendwelche Ereignisse vorauszusagen, sondern die Interessierten auf das richtig einzustellen, was ihnen aufgrund ihres Charakters und der Allgemeinentwicklung begegnen kann.

Selbstverständlich ist nur ein Trend zu sehen, eine Tendenz! Es geht darum, aus der Vergangenheit (Veranlagung im Grund-Horoskop) und der Gegenwart (gemachte Erfahrungen) für die Zukunft zu lernen. Hierbei kann das Horoskop ungemein gute Dienste leisten. Immer wieder wird jedoch die Frage gestellt, worauf eigentlich die Regeln für die Tendenzerwartung beruhen. Die Antwort lautet: auf den Zeitgesetzen der Planeten oder den Rhythmen des Himmels. Denn alles bewegt sich im All, einen Stillstand gibt es nicht. Deswegen ist die Momentaufnahme eines Himmelsbildes (Radix- oder Wurzel-Horoskop) so wichtig, da nichts ewig bleibt, nichts so wiederkehrt, wie es einmal war.

Alle vier Minuten vermag sich an einigen Orten, vor allem je nördlicher jemand lebt, das Himmelsbild entscheidend zu verändern. Etwa wenn die Himmelsmitte und damit die Himmelstiefe, der Aszendent, und damit der Deszendent in ein neues Zeichen kommen. Auch die Planeten wandern ständig weiter, am schnellsten der Mond, der jeden dritten Tag sein Zeichen wechselt.

Nachweisbar ist nun, daß die Rhythmen der Planeten in uns leben. Der Mensch ist, auch innerlich, im Frühling anders als im Herbst, im Sommer anders als im Winter.

Die Mondrhythmen leben in uns, in der Frau sicher mehr als im Mann, aber daß sich zwischen dem 28. und 30. Tag jeweils Umstellungen im Körper zeigen, können auch die Skeptiker nicht leugnen. Noch wesentlicher ist die Tatsache, daß alle Zeitgesetze der Planeten miteinander wie in einem großen Uhrwerk verbunden sind.

Der Mond braucht für seinen Phasenumlauf (also etwa von Neumond zu Neumond) so viele *Tage*, wie der Saturn für seinen Umlauf *Jahre* benötigt.

Zwölf Mondumläufe entsprechen einem Sonnenumlauf, zwölf Sonnenumläufe einem Jupiterumlauf, um noch einmal einige Verwobenheiten der Zeitgesetze der Planeten zu wiederholen.

Die Erfahrung zeigt außerdem, daß nicht nur die Mond- und Sonnenrhythmen im Menschen leben, sondern auch die der anderen Planeten, die ja mit den Rhythmen von Sonne und Mond untrennbar verbunden sind. Aus der Erkenntnis dieser Verbundenheit und aus tausendjähriger Erfahrung kamen die Astrologen zu der Auffassung, daß die Zukunft, im Trend, sichtbar ist, zumindest daß Tendenzen erkennbar sind.

Die Rhythmen des Himmels werden auch von den Astronomen anerkannt, die sich ja vorwiegend gegen die Astrologie stellen. Warum sie eine solche Haltung einnehmen, ist nicht ergründbar.

Aus all diesen Bewegungen im All ergaben sich für die klassische Astrologie vier Hauptrichtungen, mittels derer Voraussagen in der Tendenzrichtung möglich sind, und die auch heute noch ihre Gültigkeit haben, weil die Erfahrung *dafür* spricht, auch wenn längst nicht *alles* erkannt werden kann. Das gibt jeder Astrologe zu. Eine halbwegs zutreffende Erkennung der Zukunftstendenzen ist nur durch Beachtung der *Transite*, des *Solar-Horoskops*, der *Primär-Direktionen* und der *Progressionen* möglich.

Viele Astrologen wenden leider oft nur zwei oder gar nur eine der bewährten Möglichkeiten an und können damit einfach nicht zum Ziel kommen.

Bei aller Erkennung jedoch ist Vorsicht geboten. Kepler, wohl einer der größten Himmelskenner der Geschichte, mahnte, vorsichtig zu sein und ging in dieser Beziehung mit bestem Beispiel voran, wie heute noch nachzulesen ist.

Vor allem ist das Grundhoroskop im Auge zu behalten. Es kommt nie auf den Astrologen allein an, sondern immer darauf, was der Ratsuchende selbst aus den Hinweisen macht. Ohne Eigeninitiative gelingt nie etwas. Der Astrologe kann nur raten, er darf grundsätzlich nicht entscheiden.

Eine sogenannte Tendenzvorhersage ist wie ein Wetterbericht. Es kann sein, daß Regen kommt, da ist es sicher besser, sich einen entsprechenden Schutz auf die Wanderung mitzunehmen, als sich morgens auf den Blick zum (noch) blauen Himmel zu verlassen. Zu vermeiden ist außerdem jeder fatalistische Eindruck. Redensarten wie: »Es kommt, wie es kommt« gehen am Sinn der Astrologie völlig vorbei.

Schließlich sei noch vor einer Erfüllungsmanie gewarnt. Kritiker der Astrologie werfen (oft mit Recht) den Horoskopdeutern vor, sie würden Voraussagen machen, die die Betreffenden dazu verführen, das Vorausgesagte herbeizulocken, so daß sie selbst das Unglück auf sich ziehen. Das ist sicher nicht richtig, denn da könnten alle Menschen auch das Glück auf sich ziehen; aber eine Art von Erfüllungszwang kann bei labilen Menschen leider durchaus eintreten, so daß hier der Astrologe mit einer ganz besonderen Verantwortung vorzugehen hat.

Transite

Transite, einmal etwas überschwenglich »Gezeiten des Schicksals« genannt, sind Übergänge. Wir kennen diesen Ausdruck sehr gut vom Straßenverkehr.

Die Planeten wandeln stets weiter durch den Tierkreis, und so geschieht es, daß die Aspekte aus dem Grundhoroskop schon eine gewisse Zeit nach der Geburt nicht mehr am Himmel zu sehen sind, sich dafür aber durch die Planeten am Himmel ständig neue Aspekte zum Grundhoroskop bilden.

In der Fachsprache der Astrologen heißt dies dann etwa: »Der Merkur hat einen Transit zum Saturn« oder: »Der Saturn wirft im Transit eine Opposition auf die Sonne.«

Dies alles bedeutet, daß durch das Wandern der Planeten auf die Planeten und rechnerischen Punkte im Grundhoroskop stets neue oder aber sich wiederholende Aspekte beziehungsweise Anblicke erfolgen. Jedoch sollte der Orbis hier sehr viel kleiner ausfallen als im Grundbild, zirka nur ein halbes Grad, also 30 Bogenminuten vor oder hinter dem Aspektpunkt im Grundbild. Dabei gibt es Erfahrungen, daß der Mars nach vorn einen größeren Orbis hat, der Saturn eher nach dem Übergang (also dem Transit). Hier muß jeder seine eigenen Erfahrungen machen.

Die Aspekte der Transite sind im Grunde genauso zu deuten wie im Grundhoroskop, wobei wiederkehrende Aspekte eine herausragende Rolle aufweisen. Es gibt keine guten und keine bösen Transit-Aspekte. Jedoch hat jeder Transit-Aspekt seine zwei Seiten, eine helle und eine schattige Seite; dies gilt für *alle* Aspekte. Besonders wichtig erschien es den alten klassischen Astrologen jedoch immer, wenn ein wandelnder Planet am Himmel wieder zu seinem Radix-Ort zurückkam. (So entstand das Solar-Horoskop, siehe dort.) Nach 29½ Jahren etwa kehrt Saturn zu seinem Ort im Geburtshoroskop zurück (und meist hat er dann, bedingt durch seine Rückläufigkeit, drei Übergänge).

In diesem Moment bekommt der Planet am Geburtsort einen ganz besonderen Impuls. Schicksalsvorgänge sind dann unbedingt zu beachten. Vor allem erinnern die Planeten beim Übergang über ihren eigenen Ort daran, seinen Schicksalsaufgaben weiter ins Auge zu sehen.

Alle zwölf Jahre etwa kehrt Jupiter zu seinem Ort im Grundhoroskop zurück. Das besagt, daß nun noch einmal (also rund sechsmal im Leben) die Chance besteht, seine Talente und Gaben zu mobilisieren, um (doch noch) ans Ziel zu kommen.

Dies gilt grundsätzlich auch für Aspekte, die sich im Transit wiederholen. Marsübergänge über seinen Radix-Ort gibt es etwa alle zwei Jahre, wogegen der Mond alle 27⅓ Tage zu seinem Ort im Horoskop zurückkommt. Deswegen stellte man dann zu diesem Zeitpunkt auch Lunar- (Mond-)Horoskope, die als Monatshoroskope in die Literatur eingingen.

Selbstverständlich besteht die Gefahr, daß die Astrologen nur noch mit ihren Gestirnstandsbüchern unter dem Arm herumlaufen und nichts tun ohne Kenntnis der Transite, womit sie sich auf die Dauer gesehen selbst blockieren.

Zusammengefaßt kann man sagen, daß Transite in erster Linie das im Horoskop Angezeigte aktivieren, um es aus der Latenz zu heben.

Das Solar-Horoskop

Das Solar-Horoskop ist im Grunde ein Transit-Horoskop, das jedes Jahr für das kommende Lebensjahr auf den Zeitpunkt berechnet wird, da die Sonne wieder bogenminutengenau ihren Stand im Radix-Bild erreicht.

Unser Jahreskalender rechnet mit 365 Tagen; in Wahrheit jedoch, und dies wußten bereits die alten Ägypter, währt das Jahr 365 und ¼ Tag. Ein Vierteltag sind sechs Stunden. Jedes Jahr kommt also die Sonne um sechs Stunden verzögert zu ihrem Geburtsort. Nach vier Jahren hat die Sonne eine Verzögerung von 4 mal 6 Stunden. Da 4 mal 6 gleich 24 Stunden oder ein Tag sind, schieben wir alle vier Jahre einen Schalttag (den 29. Februar) ein, damit nun der Jahreskalender mit dem Sonnenlauf halbwegs stimmt; genau stimmt er auch dann nicht, weil ein Tag auch nicht genau 24 Stunden ausmacht, sondern 23 Stunden und 56 Minuten. Dieses vierte Jahr, das auch Schaltjahr genannt wird, wurde in der menschlichen Geschichte immer sehr wichtig genommen. So feierten schon die alten Griechen alle vier Jahre das olympische Fest, also das Fest der Götter oder auch das Fest von Delphi, dem Orakelort als Nabel der Welt.

Zu dem Zeitpunkt, da die Sonne auf ihren Radix-Ort kommt, wird jedes Jahr, und zwar auf die Minute genau, ein völlig neues Horoskop ausgerechnet, das den Ablauf des kommenden Lebensjahres aufzeigen soll, natürlich in bezug auf das Grundhoroskop. In sechs Stunden verschiebt sich nun täglich die Himmelsmitte, das Medium Coeli, um rund 90 Grad.

Auch der Aszendent verlagert sich, wenn auch mal mehr, mal weniger als 90 Grad, jeweils zusammenhängend mit dem Breitengrad des Ortes, auf dem der Horoskopeigner geboren wurde oder lebt. 90 Grad sind ein Viertel eines Kreises, und der Tierkreis entspricht ja einer täglichen Drehung der Erde um ihre Achse. Die Planeten stellen die Transitübergänge für den Tag und den Zeitpunkt der Errechnung dar, deshalb der Name Transit-Horoskop.

Wichtiger ist jedoch, in welches Haus des Geburtshoroskopes die Himmelsmitte oder der Aszendent des Solarbildes fällt. Die *Himmelsmitte* auf das Haus des Radix-Horoskopes bezogen zeigt für das kommende Lebensjahr die Berufung oder die Hauptrichtung an, der der Horoskopeigner nachstreben sollte.

Der *Solar-Aszendent* andererseits will Auskunft geben, worauf in diesem Lebensjahr, für welches das Solar (man spricht abgekürzt nur vom Solar, wenn das Solar-Horoskop gemeint ist) gestellt wurde, die Anstrengung liegt, was die Umwelt von den Horoskopeignern erwartet, in welchen Bereichen geopfert werden muß.

Das sind die entscheidenden und wirklich wichtigen Auskünfte. Die Stellungen der Solar-Planeten werden dagegen in der Regel meist sehr überschätzt, es sind eigentlich nur Transite für einen Tag, der in der Regel der Geburtstag, aber auch ein Tag davor oder danach sein kann.

Von den Transiten dieses Tages auf das ganze Jahr zu schließen, erweist sich der Erfahrung nach als untauglich, auch wenn die Literatur hierauf immer wieder Bezug nimmt.

Als Fazit läßt sich sagen, daß das Solar-Horoskop anzeigt, auf welchem Gebiet in diesem Jahr besonderer, wenn auch belastender Einsatz geleistet werden muß, wo also wirklich Anstrengungen vom Horoskopeigner gefordert werden, wo dieser eventuell bis zu seiner Grenze gehen müßte. Aber es wird durch das Solar auch deutlich, in welche Richtung sich die Berufung entwickeln sollte, was zur Weiterförderung aus eigener Kraft geschaffen werden muß.

Nie soll das Solar als selbständiges Horoskop betrachtet werden. Es ist stets nur im Zusammenhang mit dem Geburtshoroskop erschaubar. Das Grundhoroskop zeigt alle Grundveranlagungen. Was nicht als Möglichkeit im Grundhoroskop steht, kann kein noch so wundervolles Solar verwirklichen. Es ist und bleibt ein sehr wertvolles, aber doch ein Hilfshoroskop, eine Zusatzinformation, ein Wegweiser. Es leistet Hilfe, weiter nichts, aber dies wäre ja schon sehr viel. Es gilt nur für die nächsten zwölf Monate, es handelt sich also nur um eine Blitzaufnahme im Lebenslauf.

Die gründlicheren Veränderungen in der Entwicklung eines Menschen zeigen im größeren Maßstab die Direktionen, aber auch die sind nur zusammen mit dem Radix-Bild zu sehen.

Die Direktionen

Die klassische Astrologie arbeitet in erster Linie mit zwei Direktionen (es gibt noch mehr), a) den Primär-Direktionen und b) den Sekundär-Direktionen.

Beide Direktionen beruhen im Grunde genommen auf dem Maß, daß ein Tag einem Jahr entspricht. Die Direktionen sagen, der Erfahrung nach, mehr über die Zukunftsrichtung aus als alle anderen sogenannten Vorhersagemöglichkeiten. Auch hier werden stets neue Zukunftsausrichtungen entwickelt, die mit der klassischen Astrologie nichts zu tun haben.

Die Direktionen können *nie* vom Geburtsbild, dem Radix-Horoskop, gelöst werden.

Die Worte »Primär« oder »Sekundär« dürfen nicht dazu verleiten, die Primär- wichtiger als die Sekundär-Direktion zu nehmen; die Namen gehen auf die zwei verschiedenen Bewegungen der Erde zurück, sie haben sonst keinen Stellenwert.

Die Geschichte der Direktionen beginnt literarisch mit Ptolemäus. Zuvor wurde die Zukunft mehr über die Finsternisse von Sonne und Mond bestimmt. Auch heute noch wird teilweise der Neumond als wichtiger Ausgangspunkt für das Geschehen gebraucht, so daß der Neumond vor der Geburt im Grundhoroskop markiert wird.

Die Primär-Direktionen
(oder Sonnenbogen-Horoskop)

Der Name leitet sich aus der ersten, der primären Bewegung der Erde ab. Das ist die Drehung der Erde um die eigene Achse in rund 24 Stunden. Alle vier Minuten ist also ein neuer Grad des Tierkreises an der Himmelsmitte, dem MC, abzulesen, bis in 24 Stunden, also in einem Tag, jeder der 360 Grad einmal die Himmelsmitte innehatte.

Dies ist nun gut ins Verhältnis zum Jahr zu setzen.

Gehen wir zur Ortszeit zwölf Uhr von einem bestimmten Ort aus, dann bemerken wir, daß sich von Tag zu Tag um zwölf Uhr die Himmelsmitte um zirka einen Grad verschiebt. So war das Verhältnis von Tag und Jahr gefunden.

Oder denken wir an die Rechnung vom Mond als schnellstem Gestirn zum Saturn als langsamsten Planeten der traditionellen Horoskopie.

	Mond-Phasen-Umlauf		Saturn-Umlauf
	29½ Tage	=	29 ½ Jahre

Lassen wir die Zahlen fort, ergibt dies

	Tage	=	Jahre
oder:	Tag	=	Jahr

Dieses Gesetz ist so alt, daß wir es auch im alten Testament finden, daß »ein Tag gleich einem Jahre« sei (Ezechiel 4, 4-8). Darauf baute nun auch die Astrologie auf, und zwar auf ihr Hauptgestirn, die Sonne, die pro Tag nämlich rund ein Grad im Tierkreis wandelt.

Da nun ein Tag gleich einem Grad Sonnenumlauf entspricht, konnte man die Formel aufstellen: *Ein Grad = ein Jahr.*

Nun wandert jedoch die Sonne temporär unregelmäßig. Im Sommer beträgt ihre Tagesgeschwindigkeit weniger als ein, im Winter wiederum mehr als ein Grad. Deswegen wurde für die Bestimmung dieser Primär-Direktion manche komplizierte Rechnung unter Einzug des Himmelsäquators erfunden. Aber Kompliziertheit heißt nicht Richtigkeit. Im Gegenteil. Je komplizierter (oder schwieriger) eine Rechnung ist, um so weniger korrekt ist sie astrologisch.

Astrologie ist erst einmal Schauung.

Die meisten guten Astrologen verwenden daher meist den Naiboid-Schlüssel (genannt nach seinem Erfinder) oder in letzter Zeit den »Sonnenbogen«.

Beispiel: Wenn die Sonne bei der Geburt auf 25 Grad Jungfrau stand und wenn sie nach 30 Jahren auf 24 Grad Waage kommt, dann beträgt der Sonnenbogen für diesen Zeitraum 29 Grad. Dies ist der Sonnenbogen, um den alle Planeten und die Himmelsmitte vorgeschoben werden, außer dem Aszendenten, der muß für den betreffenden Breitengrad aus dem Häuserbuch herausgesucht werden. Damit ist ein »Sonnenbogen«-Horoskop schnell aufgestellt.

Doch was besagen diese Sonnenbogen, die ja im Grunde nichts anderes zeigen als ein um Grade in sich (bis auf den Aszendenten) vorgeschobenes Radix-Horoskop?

Das Sonnenbogen-Horoskop (oder die Primär-Direktionen) zeigen *keine* charakterlichen Entwicklungen oder Veränderungen an, dazu bleibt dieses Horoskop in sich ja auch (bis auf den Aszendenten) völlig gleich.

Angezeigt wird vielmehr das Verhältnis nach außen, zur Umwelt, die gesellschaftlichen Veränderungen und Erfahrungen, kurz alles, was auf uns zukommt.

Die *Einstellung* auf das, was auf uns zukommt, ist allein aus den Sekundär-Direktionen herauszulesen. Hier wird deutlich, wie wir das, was kommt, zu verwerten haben.

Im Sonnenbogen-Horoskop spielen vor allem der Wandel von MC und AS eine entscheidende Rolle, meist auch der Abstand zwischen diesen beiden rechnerischen Punkten, der sich ja im Vergleich zum Geburtshoroskop verändert, was selbstverständlich auch vom Breitengrad abhängt.

Im Sekundär-Horoskop, das auf dem Jahressonnenweg aufbaut, erscheinen MC und AS *nicht*. Denn AS und MC ergeben sich nur aus der Drehung der Erde um ihre eigene Achse, also aus der täglichen Bewegung der Erde, die allein Tag und Nacht, damit Aufgangs- und Untergangspunkt zur Folge hat.

Im Jahressonnenlauf spielt das keine Rolle, da ist nur die Wanderung durch den Tierkreis wichtig.

Wenn also kommende Aufgaben in der Tendenz zu ersehen sind, dann muß uns die Astrologie, die ja praktische Menschenkunde beinhaltet, auch eine Möglichkeit bieten, die innere charakterliche Fortentwicklung aufzuzeigen, denn nur wenn wir uns entwickeln, bewältigen wir die Ereignisse.

Die Sekundär-Direktionen
(auch Progressionen)

Die Sekundär-Direktionen werden auch *Progressionen* genannt. (Kepler hat sie gerne verwendet.)

Durch die Achsen- oder Kreiselbewegung der Erde ergibt sich der Umlauf der Erde in 365¼ Tag um die Sonne.

Nach der Weisheit, daß ein Tag gleich ein Jahr ist, werden bei der Berechnung der Progressionen immer die täglich folgenden Ephemeridenstände als Anzeiger für das nächste Jahr verwendet.

Beispiel:
Geburt am 12. April 1944 18 Uhr.
Gestirnsstände am 12. 04. 44 18H
= Radix und Progressionen für das erste Lebensjahr
Gestirnsstände am 13. 04. 44 18H
= Progressionen für das zweite Lebensjahr
Gestirnsstände am 14. 04. 44 18H
= Progressionen für das dritte Lebensjahr
Gestirnsstände am 15. 04. 44 18H
= Progressionen für das vierte Lebensjahr
etc.

Dies gibt nun von Tag/Jahr zu Tag/Jahr ein differenziertes Bild, weil die Sonne rund 1 Grad wandert, der Mond vielleicht 14 Grad und Saturn dagegen nur vier Bogenminuten. Das heißt, daß sich die individuellen Planeten wie Mond, Sonne, Merkur, Venus und Mars (letzterer bedingt) schnell verändern. Ab Jupiter sind oft kaum Veränderungen zu registrieren. Damit ergeben sich für die schnellen oder die individuellen Planeten oft Zeichenwechsel, die sehr wichtig sind, und auch neue Aspekte. Dagegen haben die langsameren Planeten selten Zeichenwechsel und wenn, sind diese noch wichtiger. Auch ihre Aspekte verändern sich kaum und nur sehr, sehr langsam.

So können sich Aspekte auflösen, aber nur, wenn der *langsamere* Planet aus dem Aspekt wandert, und sich auch neue ergeben. Die neuen sind nicht ganz so wichtig wie die Aspekte, die sich auflösen, sollten aber doch beachtet werden.

Der Mensch wandelt sich wie die Planeten, aber er muß auch etwas für die Wandlung tun.

Das Individuelle wandelt sich dabei schneller als die Erbmasse oder die Grundveranlagung, die beide mehr durch die langsameren Planeten angezeigt werden.

So vermag jeder Astrologe Veränderungen zu erkennen, auch Rückfälle in alte Fehler; denn wird in der Ephemeride etwa nach 20 Tagen ein Planet rückläufig, dann ist daraus zu schließen, daß die Gefahr besteht (mehr nicht), daß sich im 20. Lebensjahr diese Rückläufigkeit auch im Wandel des Charakters manifestieren dürfte. Jedoch auch ein rückläufiger Planet kann im Geburtsbild nach Jahren direktläufig (»d«) werden; dies ist als Anzeiger auch mit zu berücksichtigen, da diese Planeten dann meist noch einmal zum Radix-Punkt zurückkommen.

Mit diesen vier Instrumenten sind den Astrologen, die nach der klassischen Manier arbeiten, Möglichkeiten gegeben, nicht nur ein Horoskop auszudeuten, sondern, bei Bedarf, die Horoskopeigner auch ein Leben hindurch zu begleiten.

Bewährt hat sich folgende Reihenfolge in der Beratung, die also nichts mit dem Ausrechnen zu tun hat.

Progressionen:	Schauen auf die innere Entwicklung eines Menschen, sehen, welche Möglichkeiten sich aus der Reife und Lernfähigkeit ergeben

Solar:	Erkennen, in welcher Richtung die Berufung, aber auch die Lebensjahrbelastungen zu finden wären, Pflicht- und Sinnerkennung
Primär-Direktionen:	Welche Großentwicklungen zeigen sich in der Außenwelt, was kommt auf mich zu
Transite:	Lösen eher Charakterreaktionen aus, lassen Ereignisse sichtbar werden, hemmen oder fördern, sind allein *nie* sehr wichtig, auch wenn es manchmal so scheinen mag

Soweit also die Hinweise für die Zukunftserkennung und ihre Möglichkeiten. (Dafür gibt es viel Spezialliteratur.)

Was vergessen werden kann

Die meisten Regeln der klassischen Astrologie haben durchaus noch heute ihre Berechtigung, was ganz besonders für die Grundlagen gilt. Viele Erneuerungen hat es im Laufe der Geschichte dabei gegeben, und manches wurde revidiert, was zur revidierten Astrologie von Thomas Ring führte. Allerdings gab es noch nie so viele Schulen wie heute. Und doch kann manches vergessen werden, manche Regel hat sich selbst überholt, so der Hinweis auf Hyleg und Anaereta.

Hyleg und Anaereta

Hyleg

Der Hyleg galt als Lebens- und Kraftspender. Als Hyleg galt beim Mann die *Sonne,* bei der Frau der *Mond,* aber auch dies nur unter bestimmten Voraussetzungen. Der Hyleg mußte nämlich an den sogenannten hylegalischen Plätzen stehen. Dabei handelt es sich zum einen um die obere Horoskophälfte, den Tagesraum, damit der Raum über der Horizontlinie, die vom AS zum DS verläuft. Also galt die Sonne (bei einer männlichen Geburt) *nur* bei Taggeburten als Hyleg. Ausgenommen waren außerdem die beiden Häuser 8 und 12. Weiterhin sagte man: Steht die Sonne unter dem Horizont, oder aber über dem Horizont im achten Haus, dann wird auch beim Mann der Mond zum Kraftspender. Der Mond gilt dann jedoch nur noch als Hyleg zweiter Klasse. Nun kann aber der Mond auch im zwölften Haus stehen, dann muß ein anderer Hyleg gesucht werden.

Bei der Frau (also einer weiblichen Geburt) ist es umgekehrt. Steht da der Mond unter dem Horizont oder im achten Haus, dann wird die Sonne ihr Hyleg zweiter Klasse, der auch wieder in einem nichthylegalischen Raum stehen könnte. Ist dies der Fall, dann wird der *Aszendent* zum Kraftspender für Frau und Mann.

Beim Hyleg als Sonne oder Mond (bei männlicher Geburt) oder Mond oder Sonne (bei weiblicher Geburt) oder als Aszendent kommt es nun auf die Anblicke, also die Aspekte an. Werfen etwa »böse« Planeten einen »schlechten« Anblick, dann ist es um den Kraftspender nicht gut bestellt. Dann können Krankheiten auftreten, dann wäre das Leben verkürzt. Hier ist also schlimmer Fatalismus am Werk, wie ja auch die »bösen« Häuser 8 (Tod) und 12 (Krankheit, Gefängnis) durch die Hyleglehre in Verruf gekommen sind.

Manche Astrologen passen nun noch auf, ob ein Planet im Transit, im Solar oder in den Direktionen den Hyleg »angreift« (ein anderes Wort für böses Geschehen), um dann Unheil zu verkünden. Bei dieser Betrachtungsweise macht die klassische Astrologie wirklich keine gute Figur, zumal die Erfahrung längst gegen diese Art der Ausdeutung spricht, die sich in keinster Weise bewährt hat. Der Hyleg kann also vergessen werden.

Anaereta

Der Anaereta ist nun der Feind des Hyleg. Er ist der Töter oder der Todbringer. Dies gilt besonders für Kriegs- aber auch für Friedenszeiten, wenn der Anaereta etwa im elften Haus steht, dann wäre der Feind im Freundes- oder Kollegenkreis auszumachen.

Hieran erkennt man schon die unpsychologische Grundauffassung. Der Anaereta ist stets der Planet, der den Hyleg am gefährlichsten aspektiert, das heißt anblickt.

Es muß sich nicht einmal um einen Planeten handeln, der Anaereta kann auch eine Häuserspitze sein, so die Spitze des achten Hauses (in dieser abergläubischen Astrologie das Haus des Todes). Meistens jedoch ist es einer der »bösen« Planeten, während die »guten« Gestirne wie Sonne/Mond oder Jupiter/Venus *nie* als Anaereta in Frage kommen können.

Folgen einer solchen Konstellation sind, daß man sich zu Tode fressen (Jupiter in den Todsünden) und auch lieben (Geschlechtskrankheiten Venus und Mars) kann. Sendet nun aber der »böse« Anaereta einen »guten« Aspekt auf den Hyleg, dann garantiert dies ein langes Leben. Durch solche Aussagen oder Hinweise wird deutlich, daß manche gute alte Kunst der Menschenkenntnis und Erfahrung ins Ausrutschen und in Verruf kommen kann, ein Schaden für die gesamte Materie der Astrologie, da sich die Kritiker immer auf solche Auswüchse stürzen und von diesen her das Ganze verurteilen; so wird das Positive in den Schatten gedrängt und mit Ironie und Verachtung zugedeckt.

Die politische Astrologie

Es wurde schon gesagt, daß in der Geschichte der Astrologie alles mit der Mundan-Astrologie, mit der Welt-Astrologie, begann. Und zwar mit der Astrologie für bestimmte Zonen auf der Erde. Dann wurde diese Astrologie auch politisch, weil die Herrscher sowohl in Afrika (Ägypten), in Babylon bis hin nach China Astrologie für sich und ihr Reich betreiben ließen. Später wurde dann die Astrologie zusehends individueller, und in der heutigen Zeit hat das persönliche Geburtsbild absolut die Oberhand. Politische Astrologie gibt es offiziell nicht. Zwar sagte man immer wieder Präsidenten oder Kanzlern nach, daß sie sich astrologisch beraten ließen, aber es konnte nicht bewiesen werden. Der letzte, dem man solches nachsagte, war der ehemalige amerikanische Präsident Ronald Reagan, und man behauptete, daß seine Frau immer wieder eine Astrologin um Rat gefragt hätte. In den einschlägigen Fachzeitschriften findet man Horoskope von Staaten oder führenden Persönlichkeiten. Anhand gewisser Geschichtsereignisse wollen die Astrologen hier auch einen Sterneneinfluß kenntlich machen.

Selbstverständlich muß die »politische« Astrologie anders arbeiten als die Individual-Astrologie. Die Planeten haben eine andere Bedeutung und die Häuser auch, allein die Färbung der Tierkreisabschnitte bleibt ziemlich gleich. Ein Jahreshoroskop für ein bestimmtes Volk oder Land stellt man nicht zum 1. Januar, sondern zum 21. März, wenn die Sonne in das Zeichen Widder wandert.

Bei einer Ministervereidigung ist als Geburtsmoment das Ende der Eidformel wichtig, die gesprochen wird. Bei einer Staatsgründung der Moment der Urkundenunterschreibung etc.

Im allgemeinen gilt bei Wahlen der Uhrzeitbeginn der Auszählung. Bewährt hat sich folgendes:

Da bei Wahlen mindestens zwei, wenn nicht mehr Kandidaten antreten, sollte man zwischen diesen einen Partnervergleich machen, um zu sehen, wer gewinnt. Es hat keinen Zweck, nur die Daten der einzelnen Bewerber an den Transiten zu prüfen. Entscheidender ist, wer wen, ohne kriegerisch zu denken, besiegt. Es ist wichtig, wo z.B. der Saturn des einen in das Horoskop des anderen fällt, dies gilt für alle Vergleiche. Und wer fördert den anderen, also wie wirkt der Jupiter des einen beim anderen? Dies kann mit allen Planeten durchexerziert werden. Vor Wahlkämpfen wie bei allen Auseinandersetzungen (auch kriegerischen) verkörpert der Aszendent stets das Angreifende, dagegen der Deszendent das Angegriffene. Diese Regeln sind uralt, sie sind nur in Vergessenheit geraten. Wie weit sich diese Regeln bewährt haben, ist schwer zu sagen, weil in der Geschichte (auch in der der Astrologie) meist nur mit abgerundeten Uhrzeiten gearbeitet wird, womit die Horoskope unpräzise werden.

Oft wurden von beiden Kriegführenden Astrologen engagiert, nur um herauszufinden, was der Astrologe des Feindes deren Führung raten würde, um so die möglichen Reaktionen zu planen. Heute würde man von psychologischer Kriegsführung sprechen.

Was bedeuten nun die Planeten in der politischen Astrologie?

Sonne:	Die Regierung, bei Einzelressorts der Kanzler oder die Minister, der Präsident
Mond:	Das Volk, die Untertanen, die Wähler, die Zuarbeiter (etwa wenn die Frage auftaucht: Kann sich der Minister auf seine Leute verlassen? etc.)
Merkur:	Geld, Wirtschaft, das Handeln schlechthin, die Medien (bei guter und schlechter Presse), der Verkehr, die Erschließung eines Landes
Venus:	Die Staatsbürgerinnen, aber auch die Kunst eines Landes, die Diplomatie, die Anziehungskraft (für Ausländer), das Wohlergehen, die Freude, ein Bürger dieses Landes zu sein
Mars:	Das Militär, die Verteidigung, die Polizei, die Ordnung, die Sicherheit auf allen Gebieten, der Strafvollzug
Jupiter:	Das Recht, die Gerichtsbarkeit, die Macht, die Präsentation, die Großaufgaben
Saturn:	Die Wissenschaft, das Grundgesetz, die Vergangenheit, die Tradition, der Bodenwert, der Umweltschutz, das zu Behütende
Uranus:	Die Unruhen, das Aufbegehren, der Drang zu Reformen, die Technik, die Erfindungen, die Industrie, die Modernisierung
Neptun:	Das Humanitäre, die Sehnsüchte, das Mitmenschliche, die Solidarität, der gemeinsame patriotische Instinkt
Pluto:	Die Durchsetzung, die Brutalität, die Ellenbogen, der Zwang, der Terror, die nicht-demokratische Herrschaft
Mondknoten aufsteigend:	Die Ziele des Staates und der Regierung, das Zeitthema, Zeitgeist

Mondknoten absteigend: Die Verwurzelung, das Starre, das Erbe, alte Verpflichtungen

Die langsamen Planeten zeigen dann noch, selbstverständlich für die gesamte Welt, Generationsaufgaben und Probleme an. Wechsel also in den Grundauffassungen, vor allem beim Neptun und beim Pluto.

Diese Planeten werden nun in die Häuser der Staaten etc. gesetzt.

Die Häuser in der politischen Astrologie:

I. Haus: Die Grundtendenz der Lebensauffassung, die neuen Männer und Ideen, die Jugend, das Kommende

2. Haus: Die Finanzen, das Kapital, der Selbstwert, die Börse, die allgemeine Anziehungskraft

3. Haus: Die Intelligenz, die Kommunikation, die Integration, die Verträge, der Alltag

IV. Haus: Der Grund und Boden, das Heimatgefühl, die Liebe zur Heimat, die Geschichte des Volkes

5. Haus: Das Kreative, das Schöpferische, auch die Vergnügungen, die Lebensfreude, das Nachwuchsproblem, die Großzügigkeit, die Moral der Bürger

6. Haus: Die Pflichten, die Arbeitsbereitschaft, Streiks, die Gesundheit eines Landes oder Volkes, Steuern, Einsatzbereitschaft, Zusammengehörigkeitsgefühl

VII. Haus: Das Echo, die Ausstrahlung, das Auskommen mit den Nachbar-Staaten und Völkern, die Bündnisse, Einordnung in Gemeinschaften, Abkommen, das Diplomatische

8. Haus: Die Gefahren, die dem Land drohen, Krisen, Überlebenschancen, Verluste, Regierungsfehler

9. Haus: Die Hochziele, Visionen, Religion, Gerechtigkeit, Begeisterung, Offenheit, Demokratie

X. Haus: Das Ansehen, der Stolz, Bürger dieses Landes zu sein, die Macht des Landes, das Wohlergehen

11. Haus: Das Parlament, die Initiativen, die Freunde, das soziale Denken und Handeln, die Kräfte im Hintergrund, die Zuarbeiter der Regierenden

12. Haus: Die Feinde, die geheimen Gefahren wie Spionage, Intrigen, Kampagnen, die Ohnmacht, Selbstaufgabe des Volkes oder der Regierenden

Mit Hilfe der Positionen der Planeten in den Häusern läßt sich ein recht gutes Bild über die Grundanlage eines Staates oder aber auch *nur* einer Regierungsperiode ableiten, wobei selbstverständlich die Aspekte oder Anblicke der Planeten eine große Rolle spielen.

Auch kann zum Staats- oder Regierungshoroskop nun das Individual-Horoskop des Präsidenten oder Kanzlers (wie bei einem Partnervergleich) hinzugezogen werden, um zu sehen, was er bewirken kann, was ihm schwerfallen wird. Auch hier geht es *nie* um Fatalismus, sondern immer um Chancen und Gefahren, die es zu erkennen gilt.

Schon in babylonischen Zeiten wurden bereits Landstriche (und damit Völker) unter ein gewisses Sternzeichen gestellt. Ptolemäus fertigte als erster einen übersichtlichen Sternenatlas für die irdischen Regionen an.

Germanien und Britannien, wie übrigens auch Palästina, wurden als Widder-Länder und die Germanen, die Briten und die Palästinenser als Widder-Völker eingestuft. Bis in die jüngste Zeit galt Preußen als Widder-Gebiet, während Bayern eher dem Abschnitt Löwe zugeordnet wurde, genauso wie Rom und Italien. Als Schütze-Land gilt bis heute Spanien, während die Schweiz »jungfrauliche« Charaktereigenschaften besitzen dürfte. Zur Fische-Region wurde Indien gerechnet, zur Krebs-Region Holland. Dies mag manchem sicher zu weit gehen, und mit Recht. Doch es ist einfach nur erstaunlich, wie die »Alten« schon auf diese Charakteristik kamen, ohne viel reisen zu können.

Manche Tabellen führen allerdings dieses Land unter jenem, andere unter diesem Tierkreisabschnitt auf.

Kein Wunder ist weiterhin, daß auch die großen Zeitepochen für die Astrologen stets unter bestimmten Sternkonstellationen standen, wobei die großen Konjunktionen von Saturn mit Jupiter eine bedeutende Rolle spielten, da Jupiter als Königs- und Saturn als Schicksalsplanet in die astrologische Geschichte eingegangen sind.

Wer sich dafür interessiert, findet heute genügend Spezialliteratur, die auch im Verzeichnis am Ende des Buches aufgeführt ist.

Name: ♂ Johannes Kepler		ASTRODIENST ZÜRICH
geboren am: GK Do 6.1.1572	Uhrzeit: 14:30	Postfach, CH-8033 Zürich
in: Weil der Stadt, D	GMT/ UT: 13:54:32	Typ: 2.ME Nr: 161.1151 Dat: 3.5.89
L: 8e52′ B: 48n45′	Sternzt: 21:30:32	Methode: MERTZ / AEQUAL

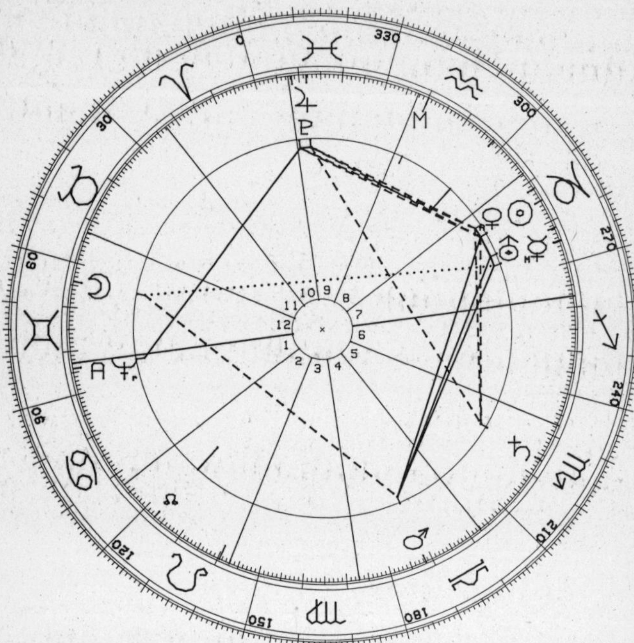

☉ Sonne	♉	15°27′34"
☽ Mond	♊	3°58′11"
☿ Merkur	♉	5°33′59"
♀ Venus	♉	18°34′57"
♂ Mars	♎	8°16′28"
♃ Jupiter	♓	18°37′27"
♄ Saturn	♏	13°48′30"
♅ Uranus	♉	8°40′40"
♆ Neptun	♊	23°50′28"r
♇ Pluto	♓	21°58′47"
☊ Mondknoten	♌	2°45′34"r
AC: ♊ 22°41′ 1"	2:	3:
MC: ♒ 20°13′ 1"	11:	12:

	☉	☽	☿	♀	♂	♃	♄	♅	♆	♇	☊
☽											
☿		⚻ -2 A									
♀	☌ 3 S										
♂	□ 7 S	△ 4 A	□ -8 A								
♃	✱ 3 A			✱ 0 A							
♄	✱ 2 S			✱ 5 S		△ 5 S					
♅	☌ 7 S		☌ 3 A		□ 0 A						
♆											
♇	✱ 7 A			✱ 3 A		☌ 3 A			□ 2 A		
☊		✱ -1 S									
AC									☌ 1 A	□ 1 S	
MC				⚺ 2 S							

	K	F	V
Fe H4			
Lu H4	♂		☽♆
Er	☉☿♀♅		
Wa H2		♄	♃♇

Im Computer-Horoskop wird Pluto mit dem Buchstaben P bezeichnet.

Anhang II

Ein Beispiel-Horoskop

Anhand der Daten eines der wohl größten Astrologen, Johannes Kepler, geboren am 06. Januar 1572 (nach dem gregorianischen Kalender) um 14 h 30, zeigen wir sein Horoskop, wie es aus heutiger Sicht aussehen würde. Zu Zeiten Keplers wurden diese Bilder noch quadratisch aufgezeichnet. Außerdem sind hier die Transsaturnier mitberücksichtigt.

Johannes Kepler war sicher ein Genie, was aus dem Horoskop *nicht* ersichtlich ist, das gilt für alle Bilder von genialen Menschen, ob sie nun Politiker, Wissenschaftler oder Künstler sind.

Kant hielt Kepler für einen der schärfsten Denker, der jemals geboren wurde, und Kant war *ebenfalls* Astrologe!

Auf den ersten Blick erkennen wir, daß das Horoskop überwiegend auf die Du-Seite ausgerichtet ist. Vier Planeten mit der Steinbock-Färbung ballen sich im Echo-Haus, was anzeigt, daß dieser Mann etwas sagen wollte, und zwar etwas Neues, denn in der Ballung der individuellen Planeten Sonne, Venus und Merkur befindet sich der Uranus.

Das scharfe Denken, das zähe Ich, die treue Liebe kommt von der Steinbock-Färbung der Planeten Sonne, Merkur, Venus, wobei diese von ihrem Herrscher Saturn Sextile empfangen, was die Färbung unterstreicht. Saturn im Skorpion besagt, daß das Schicksal oft zwischen Leben und Tod pendelte, aber die präzise Konjunktion mit dem Glückspunkt läßt doch erkennen, daß das Schicksal positiv zu meistern ist, was durch die Sextile von Sonne und Venus zu Jupiter und Pluto unterstrichen wird.

Jupiter als höchststehender Planet im Abschnitt Fische zeigt eine fast missionshafte Entfaltung, während der Mars im vierten Haus für Unruhe, ja Kampf im Elternhaus in der Heimat sorgt, dies um so mehr, als von ihm drei Quadrate zu Merkur, zu Uranus und zur Sonne im siebten Haus ausgehen.

Man erinnert sich vielleicht daran, daß Kepler extra in die Heimat zurückkehren mußte, um seine als Hexe angeklagte Mutter frei zu bekommen. Dies gelang ihm, da sein Redetalent recht beachtlich war (Aszendent Zwillinge), und er wohl auch über einen, wenn auch erst nach Überwindung von Hindernissen, gut einsetzbaren Durchsetzungsinstinkt verfügte (Neptun rückläufig im Quadrat zum Pluto, der jedoch wiederum in Konjunktion mit Jupiter oben im Horoskop zu finden ist).

Jupiter und Pluto dazu im Haus der Reisen, der Horizonterweiterung, die Ausrichtung folglich in ideeller Hinsicht.

Keplers hervorragende Erkenntnis, daß Quadrate Herausforderungen sind, wird durch seine Mars-Quadrate und das vom Pluto deutlich. So bewies Kepler immer wieder Zivilcourage, aber auch ausgleichenden Einsatz, da Mars in Waage stand. Das heißt, brutal wurde er nie.

Das MC im achten Haus zeigt die okkulte, geheimnisvolle Begabung und Berufung an, die er mit starker Zähigkeit (vier Planeten im Steinbock) verwirklichte.

Diese starke Saturn-Färbung wird durch eine Saturn-Krankheit unterstrichen, denn er litt sehr lang an der Blatternkrankheit, und das Quadrat von Mars zur Sonne zeigt eine Gefährdung des Augenlichtes sowie den Ausbruch aus dem Elternhaus an.

Saturn im fünften Haus, dem kreativen Kinderhaus, unterstreicht alles. Er war zweimal verheiratet, hatte insgesamt zehn Kinder, nur sechs Kinder haben den Vater überlebt.

Das Quadrat im »religiösen« Haus von Pluto zu Neptun (seinem Herrscher, da Pluto im Abschnitt Fische steht), weist ferner auf die Auseinandersetzungen mit Kirchenführern hin, denn Kepler wurde in Linz an der Donau vom Abendmahl ausgeschlossen, was einer allgemeinen Verachtung gleichkam; sogar Minuten vor dem Tod blieb ihm das Abendmahl verwehrt.

In die Seele ließ sich dieser Mann sicher nicht hineinschauen, da der Mond im zwölften Haus steht, aber er wußte viel von der Seele und sprach auch in seinen Werken immer von der Anima.

Durch das Trigon des Mondes zum Mars und dem Quincunxaspekt zum Merkur zeigt dieser eine große Kraft an, die sich aus der Stille (zwölftes Haus) zur großen ausgleichenden Kraft entwickelt, da der Mond auch Spannungsherrscher ist.

Aber der Mond zeigt auch seine »gefangene« Mutter an, die er durch glänzende Argumente (Inspirationsaspekt des Mondes zum Merkur) vor dem Scheiterhaufen bewahrte.

Bemerkenswert noch das Trigon des Geburtsherrschers Neptun zum MC im achten Haus. Also: ein sich gut entfaltender Instinkt zur inneren Berufung, die ihre neuen Wege gehen will, wie dies die Färbung in Wassermann anzeigt.

Der Mut in der Außenwelt wird noch deutlich durch die überwiegende Widder-Färbung des zehnten Hauses. Die Mondknotenachse unterstreicht die Aufgabe, über die Entfaltung des eigenen Selbstwertes (zweites Haus) die Verluste (achtes Haus) ertragen zu lernen.

Selbstverständlich handelt es sich hier nur um eine Skizze, die aber recht gut deutlich macht, was ein Horoskop aussagen kann.

Zum Abschluß

Astrologie ist die älteste Erfahrungswissenschaft der Menschheit. Auf ihr baut alles auf, von den Religionen bis zu den Naturwissenschaften, auch wenn die Vertreter dieser Richtungen dies heute in Abrede stellen möchten. Die Astrologie hat sich bis heute gehalten, und man braucht kein Prophet zu sein, um zu folgern, daß sie für die Menschen stets von Bedeutung sein wird. Das hat mit Aberglauben nichts zu tun, weil Astrologie keine Religion (mehr) ist.

Die klassischen Methoden und Regeln werden weiterhin bestehen und viele modernistische Schulen überleben, wenn ihre Vertreter bereit sind, von Entwicklungen und neuen Erkenntnissen nicht unberührt zu bleiben.

Wer sich nur einmal mit dem in sich völlig logischen System der Astrologie auseinandergesetzt hat, der wird von der Faszination, die von einem solchen Grundwissen ausgeht, einfach gefesselt sein. Astrologie verlangt jedoch ernstes Interesse und ein langes, eifriges Studium. Nebenbei ist sie nicht zu betreiben, und nie wird ein Astrologe alles Sternwissen beherrschen können, dazu ist es zu umfassend.

Astrologie ist *die* Menschenkunde schlechthin und ein fabelhaftes Instrument, um praktische Lebenshilfe geben zu können. Sie ist eine Lehre, die wirklich tolerant macht. Wer sich mit den Konstellationen ernsthaft beschäftigt, der weiß, daß kein Mensch wie der andere ist, daß jeder seine Ausstrahlung, aber auch seine Hemmnisse hat, daß jeder seine Stärken und Schwächen besitzt.

Selbstverständlich soll auch nicht *alles* kritiklos hingenommen werden, was alte Lehrbücher so bieten. Auch in dieser Arbeit ist viel Kritik und Überprüfung enthalten. Aber einiges kritisieren und für falsch zu befinden, darf nicht heißen, alles abzulehnen. Auswüchse gibt es immer, und es kommt darauf an, sich wieder auf den Kern zu besinnen, wenn die Füße zu weit abgehoben haben. Der Kern der klassischen Astrologie ist nach wie vor intakt, so daß es sich lohnt, darauf aufzubauen.

Informationen über Seminare mit dem Autor dieses Buches erhalten Sie unter folgender Adresse:

Bernd A. Mertz
Altheimstraße 5
D-6000 Frankfurt/M. 50

Literatur

Adler, Oscar: Das Testament der Astrologie, Wien 1950
Baur, Franz: Sternkunde – Sterndeutung, Frankfurt 1965
Th. Bayer, Karl: Die Grundprobleme der Astrologie, Leipzig 1927
Beckerath, Erich von: Städtehoroskope, Aalen 1968
Beer, Hanns: Neue Astrologie, München 1951
Bezold, Carl: Sternglaube u. Sterndeutung (mit Franz Boll und Wilhelm Gundel), Darmstadt 1966
Boll, Franz: siehe Bezold
Brandler-Pracht, K.: Astrologie als Synthese, Berlin 1928
Carter, Charles O.: Symbolische Direktionen, Planegg 1920
Ebertin, Reinhold: Kombination der Gestirnseinflüsse, Aalen 1961
Fankhauser, Alfred: Horoskopie, Zürich 1939
Fankhauser, Alfred: Das wahre Gesicht der Astrologie, Zürich 1952
Fröhling, Armand: Praktische Astrologie, Zeulenroda 1931
Gadow, Gerhard: Die Feen an der Wiege, Frankfurt 1979
Grupp, Eugen: Astrologie und Theologie – Handbuch der Astrologie, Geislingen 1958
Gundel, Wilhelm: siehe *Bezold* und *Boll*
Keller, Liane: Mythos der Sterne, Stuttgart 1979
Kellner, Otto: Charakterkunde und Astrologie, Leipzig 1927
Kepler, Johannes: Warnung an die Gegner der Astrologie, München 1971
Knappich, Wilhelm: Geschichte der Astrologie, Frankfurt 1967
Kühr, Erich Carl: Pychologische Horoskopdeutung, Wien 1951
Kündig, Heinrich: Das Horoskop, Zürich 1955
Lang, Walter: Die Astrologie im heutigen Weltbild, Heidelberg 1986
Lankes, Otto: Das Weltbild der Astrologie, Dießen 1956
Leo, Alan: Astrologische Werke I–VI, Leipzig 1930
Lewis, Ursula: Horoskope selbst gestellt, Frankfurt 1976
Lindenburg, Hugo: Sternenbahnen – Menschenwege, Hamburg 1959

Lorentz, Irma von: Sternenrhythmen in der Geschichte, Stuttgart 1986
Mertz, Bernd A.: Astrologie, Niedernhausen 1979
Mertz, Bernd A.: Psychologische Astrologie I–III, Interlaken 1979–1982
Mertz, Bernd A.: Das Horoskop – seine Deutung und Bedeutung, Freiburg 1981
Mertz, Bernd A.: Das Du und Ich im Horoskop, Wiesbaden 1983
Mertz, Bernd A.: Astrologie als Wegweiser, Freiburg 1984
Mertz, Bernd A.: Karma in der Astrologie, Interlaken 1984
Mertz, Bernd A.: Astrologische Weisheiten, Wiesbaden 1984
Mertz, Bernd A.: Das Horoskop als Entscheidungshilfe, Freiburg 1986
Mertz, Bernd A.: Astrologie und Tarot, Interlaken 1981
Mertz, Bernd A.: Das Horoskop in der Hand, Düsseldorf 1987
Parker, Derek: Astrologie ohne Geheimnisse, Düsseldorf 1973
Peukert, Will-Erich: Astrologie, Stuttgart 1963
Reich, Heinrich: Das Geheimnis des Tierkreises, München 1949
Reiners, Ludwig: Steht es in den Sternen?, München 1851
Ring, Thomas: Astrologische Menschenkunde I–III, Zürich 1956–1969
Ring, Thomas: Astrologische Menschenkunde IV, Freiburg 1973
Ring, Thomas: Genius und Dämon, Freiburg 1980
Rosenberg, Alfons: Zeichen am Himmel, Zürich 1941
Saenger, Emil: Der gestirnte Himmel, Berlin 1926
Schmitz, Oscar A. H.: Der Geist der Astrologie, Büdingen 1922
Schwab, F.: Sternenmächte und Mensch, Zeulenroda 1923
Schwabe, Julius: Archetyp und Tierkreis, Basel 1951
Sindbad-Weiß: Bausteine der Astrologie, I–V, Leipzig 1927–1927
Steffes, M.: Mensch und Tierkreis, München 1964
Strauß, Heinz A.: Psychologie und astrologische Symbolik, Zürich 1958
Strauß, Heinz A.: Der astrologische Gedanke in der Deutschen Vergangenheit, München 1926
Strauß, Heinz A. und Strauß-Kloebe, Sigrid: Die Astrologie des Johannes Kepler, München 1926

Strauß-Kloebe, Sigrid: Das kosmopsychische Phänomen, Olten 1977
Tiede, Ernst: Astrologisches Lexikon, Warpke-Billerbeck 1969
Ungern-Sternberg, Olga von: Die innerseelische Erfahrungswelt am Bilde der Astrologie, Stuttgart 1975
Ungern-Sternberg, Olga von: Grundlagen kosmischen Bewußtseins, Freiburg 1977
Voss, Lena: Der Mensch und seine Götter, Berlin 1926
Werle, Fritz: Kosmos und Psyche, Weilheim 1962
Xylander, Ernst von: Lehrgang der Astrologie, Zürich 1953
Zehren, Erich: Das Testament der Sterne, Berlin 1957
Zehren, Erich: Der gehenkte Gott, Berlin 1959